바로보인

전 傳
등 燈
록 錄

30

농선 대원 역저

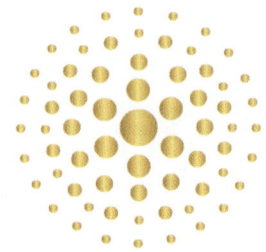

이 원상은 농선 대원 선사님께서 직접 그리신 것으로 모든 불성이 서로 상즉해 공존하는 원리를 담은 것이다.

선 심(禪心)

누리 삼킨 참나를
낙화(落花)로 자각(自覺)
떨어지는 물소리로 웃고 가는 길
돌에서 꽃에서도 님이 맞는다

정맥 선원의 문젠 마크는 농선 대원 선사님께서 마음을 상징하는 달(moon)과 그 마음을 깨달아 마음이 내가 된 삶인 선(zen)을 평화의 상징인 비둘기로 형상화 하신 것이다.

교조 석가모니 부처님과
부처님으로부터 직계로 내려온
불조정맥 78대 조사들의
진영과 전법게

 불조정맥

　불조정맥이란 석가모니 부처님으로부터 현 78대 조사에 이르기까지 스승에게 깨달음의 인증인 인가를 받아 법을 전하라는 부촉을 받은 전법선사의 맥이다. 여기에 실린 불조진영과 전법게는 농선 대원 선사님께서 다년간 수집 정리하여 기도와 관조 끝에 완성하여 수립하신 것이다. 각 선사의 진영과 함께 실린 전법게는 스승으로부터 직접 전해 받은 게송이다. 단, 석가모니 부처님 진영에 실린 게송은 석가모니 부처님의 게송이다.

교조 석가모니 부처님

환화라고 하는 것 근본 없어 생긴 적도 없어서	幻化無因亦無生
모두가 스스로 이러-해서 본다 함도 이러-하네	皆則自然見如是
모든 법도 스스로 화한 남, 아닌 것이 없어서	諸法無非自化生
환화라 하지만 남이 없어 두려워할 것도 없네	幻化無生無所畏

제1조   마하가섭 존자

법이라는 본래 법엔 법이랄 것 없으나	法本法無法
법이랄 것 없다는 법, 그 또한 법이라	無法法亦法
이제 법이랄 것 없음을 전해줌에	今付無法時
법이라는 법인들 그 어찌 법이랴	法法何曾法

제2조   아난다 존자

법이란 법 본래의 법이라	法法本來法
법도 없고 법 아님도 없으니	無法無非法
어떻게 온통인 법 가운데	何於一法中
법 있으며 법 아닌 것 있으랴	有法有非法

제3조   상나화수 존자

본래의 법 전함이 있다 하나	本來付有法
전한 말에 법이랄 것 없다 했네	付了言無法
각자가 스스로 깨달으라	各各須自悟
깨달으면 법 없음도 없다네	悟了無無法

제4조   우바국다 존자

법 아니고 마음도 아니어서	非法亦非心
맘이랄 것, 법이랄 것 없나니	無心亦無法
마음이다, 법이다 설할 때는	說是心法時
그 법은 마음법이 아니로다	是法非心法

제5조   제다가 존자

마음이란 스스로인 본래의 마음이니	心自本來心
본래의 마음에는 법 있는 것 아니로다	本心非有法
본래의 마음 있고 법이란 것 있다 하면	有法有本心
마음도 아니요 본래 법도 아니로다	非心非本法

제6조　미차가 존자

본래의 마음법을 통달하면	通達本心法
법도 없고, 법 아님도 없도다	無法無非法
깨달으면 깨닫기 전과 같아	悟了同未悟
마음이니, 법이니 할 것 없네	無心亦無法

제7조　바수밀 존자

맘이랄 것 없으면 얻음도 없어서	無心無可得
설함에 법이라 이름할 것도 없네	說得不名法
만약에 맘이라 하면 마음 아님 깨달으면	若了心非心
비로소 마음인 마음법 안다 하리	始解心心法

제8조　불타난제 존자

가없는 마음으로	心同虛空界
가없는 법 보이니	示等虛空法
가없음을 증득하면	證得虛空時
옳고 그른 법이 없다	無是無非法

제9조　복타밀다 존자

허공이 안팎 없듯	虛空無內外
마음법도 그러하다	心法亦如此
허공이치 요달하면	若了虛空故
진여이치 통달하네	是達眞如理

제10조　파율습박(협) 존자

진리란 본래에 이름할 수 없으나	眞理本無名
이름에 의하여 진리를 나타내니	因名顯眞理
받아 얻은 진실한 법이라고 하는 것	受得眞實法
진실도 아니요, 거짓도 아니로세	非眞亦非僞

제11조   부나야사 존자

참된 몸 스스로 이러-히 참다우니	眞體自然眞
참됨을 설함으로 인해 진리란 것 있다 하나	因眞說有理
참답게 참된 법을 깨달아 얻으면	領得眞眞法
베풀 것도 없으며 그칠 것도 없다네	無行亦無止

제12조   아나보리(마명) 존자

미혹과 깨침이란 숨음과 드러남 같다 하나	迷悟如隱顯
밝음과 어둠이 서로가 여읠 수 없는 걸세	明暗不相離
이제 숨음이 드러난 법 부촉한다지만	今付隱顯法
하나도 아니요, 둘도 또한 아니로세	非一亦非二

제13조   가비마라 존자

숨었느니 드러났느니 하지만 본래의 법에는	隱顯卽本法
밝음과 어두움이 원래에 둘 아니라	明暗元不二
깨달아 마친 법을 전한다고 하지만	今付悟了法
취함도 아니요, 여읨도 아니로세	非取亦非離

제14조   나가르주나(용수) 존자

숨을 수도, 드러날 수도 없는 법이라 함	非隱非顯法
이것이 참다운 실제를 말함이니	說是眞實際
숨음이 드러난 법 깨달았다 하나	悟此隱顯法
어리석음도 아니요 지혜로움도 아니로다	非愚亦非智

제15조   가나제바 존자

숨었느니 드러났느니 하면 법에 밝다 하랴	爲明隱顯法
밝게 해탈의 이치를 설하려면	方說解脫理
저 법에 증득한 바도 없는 마음이어야 하니	於法心不證
성낼 것도 없으며 기쁠 것도 없다네	無嗔亦無喜

제16조 라후라타 존자

본래에 법을 전할 사람 대해　　　　　本對傳法人
해탈의 진리를 설하나　　　　　　　　爲說解脫理
법엔 실로 증득한 바 없어서　　　　　於法實無證
마침도 비롯함도 없느니라　　　　　　無終亦無始

제17조 승가난제 존자

법에는 진실로 증득한 바 없어서　　　於法實無證
취함도 없으며 여읨도 없느니라　　　不取亦不離
법에는 있다거나 없다는 상도 없거늘　法非有無相
안이니 밖이니 어떻게 일으키리　　　內外云何起

제18조 가야사다 존자

맘 바탕엔 본래에 남 없거늘　　　　　心地本無生
바탕의 인, 연을 쫓아 일으키나　　　因地從緣起
연과 종자 서로가 방해 없어　　　　　緣種不相妨
꽃과 열매 그 또한 그러하네　　　　　華果亦復爾

제19조 구마라다 존자

마음의 바탕에 지닌 종자 있음에　　　有種有心地
인과 연이 능히 싹 나게 하지만　　　因緣能發萌
저 연에 서로가 걸림이 없어서　　　　於緣不相礙
마땅히 난다 해도 남이 남 아니로세　當生生不生

제20조 사야다 존자

성품에는 본래에 남 없건만　　　　　性上本無生
구하는 사람 대해 설할 뿐　　　　　　爲對求人說
법에는 얻은 바 없거늘　　　　　　　於法旣無得
어찌 깨닫고, 깨닫지 못함을 둘 것인가　何懷決不決

제21조　바수반두 존자

말 떨어지자마자 무생에 계합하면	言下合無生
저 법계와 성품이 함께 하리니	同於法界性
만일 능히 이와 같이 깨친다면	若能如是解
궁극의 이변 사변 통달하리	通達事理竟

제22조　마노라 존자

물거품과 환 같아 걸릴 것도 없거늘	泡幻同無礙
어찌하여 깨달아 마치지 못했다 하는가	如何不了悟
그 가운데 있는 법을 통달하면	達法在其中
지금도 아니요, 옛 또한 아니니라	非今亦非古

제23조　학륵나 존자

마음이 만 경계를 따라서 구르나	心隨萬境轉
구르는 곳마다 실로 능히 그윽함에	轉處實能幽
성품을 깨달아서 흐름을 따르면	隨流認得性
기쁠 것도 없으며 근심할 것도 없네	無喜亦無憂

제24조　사자보리 존자

마음의 성품을 깨달음에	認得心性時
사의할 수 없다고 말하나니	可說不思議
깨달아 마쳐서는 얻음 없어	了了無可得
깨달아선 깨달았다 할 것 없네	得時不說知

제25조　바사사다 존자

깨달음의 지혜를 바르게 설할 때에	正說知見時
깨달음의 지혜란 이 마음에 갖춘 바라	知見俱是心
지금의 마음이 곧 깨달음의 지혜요	當心卽知見
깨달음의 지혜가 곧 지금의 함일세	知見卽于今

제26조　불여밀다 존자

성인이 말하는 지견은	聖人說知見
경계를 맞아서 시비 없네	當境無是非
나 이제 참성품 깨달음에	我今悟眞性
도랄 것도, 이치랄 것도 없네	無道亦無理

제27조　반야다라 존자

맘 바탕에 참성품 갖췄으나	眞性心地藏
머리도, 꼬리도 없으니	無頭亦無尾
인연 응해 만물을 교화함을	應緣而化物
지혜라고 하는 것도 방편일세	方便呼爲智

제28조　보리달마 존자

마음에서 모든 종자 냄이여	心地生諸種
일(事)로 인해 다시 이치 나느니라	因事復生理
두렷이 보리과가 원만하니	果滿菩提圓
세계를 일으키는 꽃 피우리	華開世界起

제29조　신광 혜가 대사

내가 본래 이 땅에 온 것은	吾本來此土
법을 전해 중생을 구함일세	傳法救迷情
한 송이에 다섯 꽃잎 피리니	一花開五葉
열매 맺음 자연히 이뤄지리	結果自然成

제30조　감지 승찬 대사

본래의 바탕에 연 있으면	本來緣有地
바탕의 인에서 종자 나서 꽃핀다 하나	因地種華生
본래엔 종자가 있은 적도 없어서	本來無有種
꽃핀 적도 없으며 난 적도 없다네	華亦不曾生

제31조　대의 도신 대사

꽃과 종자 바탕으로 인하니　　　　　　華種雖因地
바탕을 쫓아서 종자와 꽃을 내나　　　　從地種華生
만약에 사람이 종자 내림 없으면　　　　若無人下種
남 없어 바탕에 꽃핀 적도 없다 하리　　華地盡無生

제32조　대만 홍인 대사

꽃과 종자 성품에서 남이라　　　　　　華種有生性
바탕으로 인해서 나고 꽃피우니　　　　因地華生生
큰 연과 성품이 일치하면　　　　　　　大緣與性合
그 남은 나도 남 아니로세　　　　　　　當生生不生

제33조　대감 혜능 대사

정 있어 종자를 내림에　　　　　　　　有情來下種
바탕 인해 결과 내어 영위하나　　　　　因地果還生
정이랄 것도 없고 종자랄 것도 없어서　　無情既無種
만물의 근원인 도의 성품엔 또한 남도 없네　無性亦無生

제34조　남악 회양 전법선사

마음의 바탕에 모든 종자 머금어져　　　心地含諸種
널리 비 내림에 모두 다 싹트도다　　　　普雨悉皆生
단박에 깨달아 정을 다한 꽃피움에　　　頓悟華情已
보리의 과위가 스스로 이뤄졌네　　　　　菩提果自成

제35조　마조 도일 전법선사

마음의 바탕에 모든 종자 머금어져　　　心地含諸種
비와 이슬 만남에 모두 다 싹이 트나　　　遇澤悉皆萌
삼매의 꽃핌이라 형상이 없거늘　　　　　三昧華無相
무엇이 무너지고 무엇이 이뤄지랴　　　　何壞復何成

제36조 백장 회해 전법선사

마음 외에 본래에 다른 법이 없거늘 　心外本無法
부촉함이 있다 하면 마음법이 아닐세 　有付非心法
원래에 마음법 없음을 깨달은 　　　　旣知非法心
이러-한 마음법을 그대에게 부촉하네 　如是付心法

제37조 황벽 희운 전법선사

본래에 말로는 부촉할 수 없는 것을 　本無言語囑
억지로 마음의 법이라 전함이니 　　　强以心法傳
그대가 원래에 받아 지닌 그 법을 　　汝旣受持法
마음의 법이라고 다시 어찌 말하랴 　心法更何言

제38조 임제 의현 전법선사

마음의 법 있으면 병이 있고 　　　　病時心法在
마음의 법 없으면 병도 없네 　　　　不病心法無
내 부촉한 마음의 법에는 　　　　　　吾所付心法
마음의 법 있는 것 아니로세 　　　　不在心法途

제39조 흥화 존장 전법선사

지극한 도는 간택함이 없으니 　　　至道無揀擇
본래의 마음이라 향하고 등짐이 없느니라 本心無向背
이 같음을 감당해 이으려는가? 　　　便如此承當
봄바람에 곤한 잠을 더하누나 　　　春風增瞌睡

제40조 남원 혜옹 전법선사

대도는 온통 맘에 있다지만 　　　　大道全在心
맘에 구함 있으면 그르치네 　　　　亦非在心求
그대에게 부촉한 자심의 도에는 　付汝自心道
기쁨도 근심도 없느니라 　　　　　無喜亦無憂

제41조　풍혈 연소 전법선사

나 이제 법 없음을 말하노니　　　　我今無法說
말한 바가 모두 다 법 아니라　　　　所說皆非法
법 없는 법 지금에 부촉하니　　　　今付無法法
이 법에도 머무르지 말아라　　　　不可住于法

제42조　수산 성념 전법선사

말한 적도 없어야 참법이니　　　　無說是眞法
이 말함은 원래에 말함 없네　　　　其說元無說
나 이제 말한 적도 없을 때　　　　我今無說時
말함이라 말한들 말함이랴　　　　說說何曾說

제43조　분양 선소 전법선사

예로부터 말함 없음 부촉했고　　　　自古付無說
지금의 나 또한 말함 없네　　　　我今亦無說
다만 이 말함 없는 마음을　　　　只此無說心
모든 부처 다 같이 말한 바네　　　　諸佛所共說

제44조　자명 초원 전법선사

허공이 형상이 없다 하나　　　　虛空無形像
형상도, 허공도 아닐세　　　　形像非虛空
내 부촉한 마음의 법이란　　　　我所付心法
공도 공한 공이어서 공 아닐세　　　　空空空不空

제45조　양기 방회 전법선사

허공이 면목이 없듯이　　　　虛空無面目
마음의 상 또한 이와 같네　　　　心相亦如然
곧 이렇게 비고 빈 마음을　　　　卽此虛空心
높은 중에 높다고 하는 걸세　　　　可稱天中天

제46조 백운 수단 전법선사

마음의 본체가 허공같아	心體如虛空
법 또한 허공처럼 두루하네	法亦遍虛空
허공 같은 이치를 증득하면	證得虛空理
법도 아니요, 공한 맘도 아니로세	非法非心空

제47조 오조 법연 전법선사

도에는 나라는 나 원래 없고	道我元無我
도에는 맘이란 맘 원래 없네	道心元無心
오직 이 나라 함도 없는 법으로	唯此無我法
나라 함 없는 맘에 일체하네	相契無我心

제48조 원오 극근 전법선사

참나에는 본래에 맘이랄 것 없으며	眞我本無心
참마음엔 역시나 나랄 것 없으나	眞心亦無我
이러-히 참답게 참마음에 일체되면	契此眞眞心
나를 나라 한들 어찌 거듭된 나겠는가	我我何曾我

제49조 호구 소륭 전법선사

도 얻으면 자재한 마음이고	得道心自在
도 얻지 못하면 근심이라 하나	不得道憂惱
본래의 마음의 도 부촉함에	付汝自心道
기쁨도, 근심도 없느니라	無喜亦無惱

제50조 응암 담화 전법선사

맑던 하늘 구름 덮인 하늘 되고	天晴雲在天
비 오더니 젖어있는 땅일세	雨落濕在地
비밀히 마음을 부촉함이여	秘密付與心
마음법이란 다만 이것일세	心法只這是

제51조 밀암 함걸 전법선사

부처님은 눈으로써 별을 보고	佛用眼觀星
난 귀로써 소리를 들었도다	我用耳聽聲
나의 함이 부처님의 함과 같아	我用與佛用
내 밝음이 그대의 밝음일세	我明汝亦明

제52조 파암 조선 전법선사

부처와 더불어 중생의 보는 것이	佛與眾生見
원래 근본 부처인데 금 그은들 바뀌랴	元本佛隔線
그대에게 부촉한 본연의 마음법에는	付汝自心法
깨닫고 깨닫지 못함도 없느니라	非見非不見

제53조 무준 사범 전법선사

내가 만약 봄이 없다 할 때에	我若不見時
그대 응당 봄이 없이 보아라	汝應不見見
봄에 봄 없어야 본연의 봄이니	見見非自見
본연의 마음이 언제나 드러났네	自心常顯現

제54조 설암 혜랑 전법선사

진리는 곧기가 거문고줄 같다는데	眞理直如絃
어떻게 침묵이나 말로 다시 할 것인가	何默更何言
나 이제 그대에게 공교롭게 부촉하니	我今善付囑
밝힌 마음 본래에 얻음이 없는 걸세	表心本無得

제55조 급암 종신 전법선사

사람에겐 미혹하고 깨달음이 본래 없는데	本無迷悟人
미했느니 깨쳤느니 제 스스로 분별하네	迷悟自家計
젊어서 깨달았다 말이나 한다면	記得少壯時
늙어서까지라도 깨닫지 못할 걸세	而今不覺老

제56조　석옥 청공 전법선사

이 마음이 지극히 광대하여	此心極廣大
허공에 비할 수도 없다네	虛空比不得
이 도는 다만 오직 이러-하니	此道只如是
밖으로 찾음 쉬어 받아 지녔네	受持休外覓

제57조　태고 보우 전법선사

지극히 큰 이것인 이 마음과	至大是此心
지극히 성스러운 이것인 이 법이라	至聖是此法
등불과 등불의 광명처럼 나뉨 없음	燈燈光不差
이 마음 스스로가 통달해 마침일세	了此心自達

제58조　환암 혼수 전법선사

마음 중의 본연의 마음과	心中有自心
법 중의 지극한 법을	法中有至法
내가 지금 부촉한다 하나	我今可付囑
마음법엔 마음법이라 함도 없네	心法無心法

제59조　구곡 각운 전법선사

온통인 도, 마음의 광명이라 할 것도 없으나	一道不心光
과거, 현재, 미래와 시방을 밝힘일세	三際十方明
어떻게 지극히 분명한 이 가운데	何於明白中
밝음과 밝지 않음 있다고 하리오	有明有不明

제60조　벽계 정심 전법선사

나 지금 법 없음을 부촉하고	我無法可付
그대는 무심으로 받는다 하나	汝無心可受
전함 없고 받음 없는 맘이라면	無付無受心
누구라도 성취하지 못했다 하랴	何人不成就

제61조 벽송 지엄 전법선사

마음이 곧 깨달음의 마음이요	心卽能知心
법이 곧 깨달음의 법이라	法卽可知法
마음법을 마음법이라 전한다면	法心付法心
마음도, 법도 아닐세	非心亦非法

제62조 부용 영관 전법선사

조사와 조사가 법 없음을 부촉한다 하나	祖祖無法付
사람과 사람마다 본래 스스로 지님일세	人人本自有
그대는 부촉함도 없는 법을 받아서	汝受無付法
긴요히 뒷날에 전하도록 하여라	急着傳於後

제63조 청허 휴정 전법선사

참성품은 본래에 성품이라 할 것 없고	眞性本無性
참법은 본래에 법이라 할 것 없네	眞法本無法
법이니 성품이니 할 것 없음 깨달으면	了知無法性
어떠한 곳엔들 통달하지 못하랴	何處不通達

제64조 편양 언기 전법선사

법도 아니고 법 아님도 아니고	非法非非法
성품도 아니고 성품 아님도 아니며	非性非非性
마음도 아니고 마음 아님도 아님이	非心非非心
그대에게 부촉하는 궁극의 마음법일세	付汝心法竟

제65조 풍담 의심 전법선사

부처님이 전하신 꽃 드신 종지와	師傳拈花宗
내가 미소지어 보인 도리를	示我微笑法
친히 손수 그대에게 분부하니	親手分付汝
받들어 지녀 누리에 두루하게 하라	持奉遍塵刹

제66조 월담 설제 전법선사

깨달아선 깨달은 바 없으며　　　　　得本無所得
전해서는 전함 또한 없느니라　　　　傳亦無可傳
전함도 없는 법을 부촉함이여　　　　今付無傳法
동서가 온통한 하늘일세　　　　　　東西共一天

제67조 환성 지안 전법선사

전하거나 받을 법이 없어서　　　　　無傳無受法
전하거나 받는다는 맘도 없네　　　　無傳無受心
부촉하나 받은 바 없는 이여　　　　付與無受者
허공의 힘줄마저 뽑아서 끊었도다　　掣斷虛空筋

제68조 호암 체정 전법선사

연류에 따른 일단사여　　　　　　　沿流一段事
머리도 꼬리도 필경 없네　　　　　竟無頭與尾
사자새끼인 그대에게 부촉하니　　　付與獅子兒
사자후 천지에 가득케 하라　　　　哨吼滿天地

제69조 청봉 거안 전법선사

서 가리켜 동에 그림이여　　　　　指西喚作東
풍악산의 뭇 봉우리로다　　　　　楓嶽山衆峰
불조의 이러한 법을　　　　　　　佛祖之此法
너에게 분부하노라　　　　　　　分付今日汝

제70조 율봉 청고 전법선사

머리도 꼬리도 없는 도리　　　　　無頭尾道理
오늘 그대에게 전해주니　　　　　今日傳授汝
이후로 보림을 잘 하여서　　　　　此後善保任
영원히 끊어짐이 없게 하라　　　　永遠無斷絶

제71조 금허 법첨 전법선사

그믐날 근원에 돌아간다 말했으나 　晦日豫言爲還元
법신에 그 어찌 가고 옴이 있으랴 　法身何有去與來
푸른 하늘 해 있고, 못 가운데 연꽃일세 　日在靑天池中蓮
이 법을 분부하니 끊어짐이 없게 하라 　此法分付無斷絶

제72조 용암 혜언 전법선사

'연꽃이 나왔다' 하여 보인 큰 도리를 　示出蓮之大道理
다시 또 뜰 밑 나무 가리켜 보여서 　復亦指示庭下樹
후일의 크고 큰일 그대에게 부촉하니 　後日大事與咐囑
잘 지녀 보림하여 끊어짐 없게 하라 　保任善持無斷絶

제73조 영월 봉율 전법선사

사느니 죽느니 이 무슨 말들인고 　生也死也是何言
물밭엔 연꽃이고 하늘엔 해일세 　水田蓮花在天日
가없이 이러-해서 감출 수 없이 드러남 　無邊無藏露如是
오늘 네게 분부하니 끊어짐 없게 하라 　今日分付無斷絶

제74조 만화 보선 전법선사

봄산과 뜬구름을 동시에 보아라 　春山浮雲觀同時
중생들의 이익될 바 그 가운데 있느니라 　普益衆生在其中
이 가운데 도리를 이제 네게 부촉하니 　此中道理今付汝
계승해 끊임없이 번성케 할지어다 　繼承無斷爲繁盛

제75조 경허 성우 전법선사

하늘의 뜬구름이 누설한 그 도리를 　浮雲漏泄其道理
오늘날 선자에게 부촉하여 주노니 　今日咐囑與禪子
철저하게 보림하여 모범을 보임으로 　保任徹底示模範
후세에 끊어짐이 없게 할 맘, 지니게나 　後世無斷爲持心

제76조　만공 월면 전법선사

구름과 달, 산과 계곡이라, 곳곳에서 같음이여	雲月溪山處處同
선가의 나의 제자 수산의 큰 가풍일세	叟山禪子大家風
은근히 무문인을 그대에게 분부하니	慇懃分付無文印
이 기틀의 방편이 활안 중에 있노라	一段機權活眼中

제77조　전강 영신 전법선사

불조도 전한 바 없어서	佛祖未曾傳
나 또한 얻은 바 없음을…	我亦無所得
가을빛 저물어 가는 날에	此日秋色暮
뒷산의 원숭이가 울고 있네	猿嘯在後峰

제78대　농선 대원 전법선사

부처와 조사도 일찍이 전한 것이 아니거늘	佛祖未曾傳
나 또한 어찌 받았다 하며 준다 할 것인가	我亦何受授
이 법이 2천년대에 이르러서	此法二千年
널리 천하 사람을 제도하리라	廣度天下人

부처님으로부터 직계로 내려온 불조정맥 제78대 농선 대원 선사님

농선 대원 전법선사의 3대 서원

오로지 정법만을 깨닫기 서원합니다.
입을 열면 정법만을 설하기 서원합니다.
중생이 다하는 그날까지 교화하기 서원합니다.

성불사 국제정맥선원 대웅전

성불사 국제정맥선원은

농선 대원 선사님께서 주석하시는 곳으로

대원 선사님의 지도하에 비구스님들이

직접 지은 도량이다.

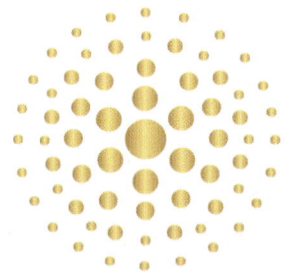

불교 8대 선언문

불교는 자신에게서 영생을 발견하게 한 유일한 종교이다.
불교는 자신에게서 모든 지혜를 발견하게 한 유일한 종교이다.
불교는 자신에게서 모든 능력을 발견하게 한 유일한 종교이다.
불교는 자신에게서 모든 것을 이루게 한 유일한 종교이다.
불교는 자신에게서 극락을 발견하게 한 유일한 종교이다.
불교는 깨달으면 차별 없어 평등하다는 유일한 종교이다.
불교는 모든 억압 없이 자신감을 갖게 한 유일한 종교이다.
불교는 그러므로 온 누리에 영원할 만인의 종교이다.

농선 대원 전법선사 주창

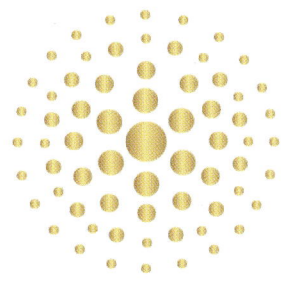

전세계의 불교계에서 통일시켜야 할 일

경전의 말씀대로 32상과 80종호를 갖춘 불상으로 통일해야 한다.

예불 드리는 법을 통일해야 한다.

불공의식을 통일해야 한다.

농선 대원 전법선사 주창

농선 대원 선사의 전등록 발간의 의의

선문(禪文)이란 말 밖의 말로 마음을 바로 가리켜 깨닫게 하여 그 깨달은 마음 바탕에서 닦아 불지(佛地)에 이르게 하는 문(門)이다. 그러기에 지식이나 알음알이로는 헤아려 알 수 없는 것이어서 깨달아 증득하여 일체종지(一切種智)를 이룬 이가 아니고는 그 요지를 바로 보아 이끌어 줄 수 없다.

지금 불교의 현실이 대본산 강원조차 이런 안목으로 이끌어 주는 선지식이 없어서 선종(禪宗) 최고의 공안집인 '전등록', '선문염송' 강의가 모두 폐강된 상황이다.
이에 대원 선사님께서는 불조(佛祖)의 요지가 말이나 글에 떨어져 생사해탈의 길이 단절되는 것을 염려하여 깨달음의 법을 선리(禪理)에 맞게 바로 잡는 역경 작업에 혼신을 다하고 계신다.

대원 선사님께서는 19세에 선운사 도솔암에서 활연대오한 후, 대선지식과의 법거량에서 한 치의 주저함도 없이 명쾌하게 응대하시니 당시 12대 선지식들께서 탄복해 마지않으셨다. 경봉 선사님과 조계종 지혜제일 전강 선사님과의 문답만을 보더라도 취모검과 같은 대원 선사님의 선지를 엿볼 수 있다.

맨 처음 통도사 경봉 선사님을 찾아뵈었을 때, 마침 늦가을 감나무에서 감을 따고 계신 경봉 선사님을 보자 감나무 주위를 한 번 돌고 서 있으니, 경봉 선사님께서 물으셨다.

"어디서 왔는가?"

"호남에서 왔습니다."

"무엇을 공부했는가?"

"선을 공부했습니다."

"무엇이 선이냐?"

"감이 붉습니다."

"네가 불법을 아는가?"

"알면 불법이 아닙니다."

위의 문답이 있은 후 경봉 선사님께서는 해제 법문을 대원 선사님께 맡기셨으나 대원 선사님께서는 아직 그럴 때가 아니라 여겨져 그 이튿날인 해제일 새벽 직전에 통도사를 떠나와 버리셨다.

또 광주 동광사에서 처음 전강 선사님을 뵈었을 때, 20대 초면의 젊은 승려인 대원 선사님께 전강 선사님께서 대뜸 '달마불식 도리'를 일러보라 하셨다. 대원 선사님께서 아무 말없이 다가가 전강 선사님의 목에 있는 점 위의 털을 뽑아 버리고 종무소로 가니, 전강 선사님께서 "여기 사람 죽이는 놈이 있다."하며 종무소까지 따라오다 방장실로 돌아가셨다.

그 이후 대원 선사님께서 군산 은적사에서 전강 선사님을 시봉하며 모시고 계실 때, 전강 선사님께서 또 물으셨다.

"공적의 영지를 일러라."

"이러-히 스님과 대담합니다."

"영지의 공적을 일러라."

"스님과 대담에 이러-합니다."

"이러-한 경지를 일러라."

"명왕은 어상을 내리지 않고 천하일에 밝습니다."

대원 선사님의 답에 전강 선사님께서는 희색이 만면해서 고개를 끄덕이며 당신 처소로 돌아가셨다.

이에 그치지 않고 전강 선사님께서 대구 동화사 조실로 계실 때, 대원 선사님께 말씀하셨다.

"대중들이 자네를 산으로 불러내어 그 중에 법성(조계종 종정 진제 스님)이 달마불식 도리를 일러보라 했을 때 '드러났다'라고 답했다는데, 만약에 자네가 양무제였다면 '모르오'라고 이르고 있는 달마 대사에게 어떻게 했겠는가?"

"제가 양무제였다면 '성인이라 함도 설 수 없으나 이러-히 짐의 덕화와 함께 어우러짐이 더욱 좋지 않겠습니까?'하며 달마 대사의 손을 잡아 일으켰을 것입니다."

그러자 전강 선사님께서 탄복하며 말씀하셨다.

"어느새 그 경지에 이르렀는가?"

"이르렀다곤들 어찌하며 갖추었다곤들 어찌하며 본래라곤들 어찌하리까? 오직 이러-할 뿐인데 말입니다."

대원 선사님의 대답에 전강 선사님께서 크게 기뻐하셨다.

이와 같이 대원 선사님께서는 20대 초반에 이미 어떤 선지식의 물음에도 전광석화와 같이 답하셨으며 그 법을 씀이 새의 길처럼 흔적 없는 가운데 자유자재하셨다.

깨달음의 방편에 있어서는 육조 대사께서 마주 앉은 자리에서 사람들을 깨닫게 하셨듯이, 제자들을 제접해 직지인심(直指人心)으로 스스로의 마음에 사무쳐 들게 하여 근기에 따라 보림해 갈 수 있도록 이끌어주시니, 꺼져가는 정법의 기치를 바로 일으켜 세움이라 하겠다.

또한 선지식이라면 이변(理邊)에서 뿐만이 아니라 사변(事邊)에서도 먼 안목으로 인류가 무엇을 어떻게 대비하며 살아가야 할지를 예언하고 이끌어 주어야 한다고 하셨다.

그래서 1962년부터 주창하시기를, 전 세계가 21세기를 '사막 경영의 시대'로 삼아 사막화된 지역에 '사막 해수로 사업'을 하여 원하는 지역의 기후를 조절해야 하고, 자원을 소모하는 발전소 대신 파도, 태양열, 풍력 등의 대체 에너지와 무한 원동기를 개발해야 한다고 하셨다. 또, 도로를 발전소화하여 전기를 생산하는 방법 등을 구체적으로 제안하시고, 천재지변을 대비하여 각자의 집에서 농사를 짓는 '울안의 농법'을 연구하시는 등 만인이 더 나은 삶을 살 수 있는 길을 끊임없이 일러 주고 계신다.

　이와 같이 대원 선사님께서는 일체종지를 이룬 지혜로, '참나를 깨달아 마음이 내가 된 삶'을 위한 깨달음의 법으로부터 닥쳐오는 재난을 막고 지구를 가장 살기 좋은 세상으로 만드는 방편까지 늘 그 방향을 제시하고 계신다.

　한편, 불교의 최고 경전인 '화엄경 81권'을 완간하여 불보살님의 불가사의한 화엄세계를 열어 보이셨으며, 선문 최대의 공안집인 '선문염송 30권' 1,463칙에 대하여 석가모니 부처님 이래 최초로 전 공안을 맑은 물 밑바닥 보듯이 회통쳐 출간하셨다.

　이제 대원 선사님께서는 7불과 역대 조사들의 깨달음의 진수가 담긴 '전등록 30권'을 그런 혜안(慧眼)으로 조사마다 선리의 토끼뿔을 더해 닦아 증득할 수 있도록 밝혀 보이셨다. 그리하여 생사윤회길을 헤매는 중생들에게 해탈의 등불이 되고자 하셨으며, 불조(佛祖)의 정법이 후세에까지 끊어지지 않게 하여 부처님 은혜에 보답하고자 하셨다.

　부처님 가신 지 오래 되어 정법은 약하고 삿된 법이 만연한 지금, 중생이 다하는 날까지 중생을 구제하기 서원하는 대원 선사님과 같은 명안종사(明眼宗師)가 계심은 불보살님의 자비광명이 이 땅에 두루한 은덕이라 하겠다.

바로보인 불법 ㊸

전傳등燈록錄

30

도서출판 문젠(구, 바로보인)은 정맥선원에서 운영하고 있습니다.

* 인제산(人濟山) 성불사(成佛寺) 국제정맥선원
  경기도 포천시 내촌면 소리개길 86-178 ☎ 031-531-8805
* 인제산(人濟山) 이문절 포천정맥선원
  경기도 포천시 내촌면 소리개길 86-123 ☎ 031-531-2433
* 백양산(白楊山) 자모사(慈母寺) 부산정맥선원
  부산시 동래구 아시아드대로 114번길 10 대류코리아나 2층 212호 ☎ 051-503-6460
* 자모산(慈母山) 육조사(六祖寺) 청도정맥선원
  경북 청도군 매전면 동산리 산 50 ☎ 010-4543-2460
* 광암산(光巖山) 성도사(成道寺) 광주정맥선원
  광주광역시 광산구 삼도광암길 34 ☎ 062-944-4088
* 대통산(大通山) 대통사(大通寺) 해남정맥선원
  전남 해남군 화산면 송계길 132-98 중정마을 ☎ 061-536-6366

바로보인 불법 ㊸
전 등 록 30

초판 1쇄 펴낸날 단기 4354년, 불기 3048년, 서기 2021년 12월 30일

역   저 농선 대원 선사
펴 낸 곳 도서출판 문젠(Moonzen Press)
         11192, 경기도 포천시 내촌면 소리개길 86-178
         전화 031-534-3373 팩스 031-533-3387
신고번호 2010.11.24. 제2010-000004호

편집윤문출판 법심 최주희, 법운 정숙경
인디자인 전자출판 지일 박한재
한문원문대조 불장 곽병원
표 지 글 씨 춘성 박선옥
인   쇄 북크림

도서출판문젠 www.moonzenpress.com
정 맥 선 원 www.zenparadise.com
사막화방지국제연대(IUPD) www.iupd.org

ⓒ 문재현, 2021. Printed in Seoul, Republic of Korea
값 15,000원
ISBN 978-89-6870-630-1
ISBN 978-89-6870-600-4 04220(전30권)

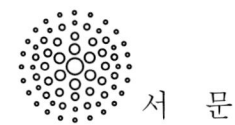 서 문

　전등록은 말 없는 말이며 말 밖의 말이라서 학식이나 재치만으로는 번역이 실로 불가능한 일이다. 그러기에 육조단경(六祖壇經)을 보면 법화경을 삼천 번이나 독송한 법달(法達)은 글 한 자 모르시는 육조(六祖)께 경의 뜻을 물었고, 글을 모르시는 육조께서는 법화경의 바른 뜻을 설파하셔서 법달을 깨닫게 하신 것이다.
　그런데 하루는 본인에게 법을 물으러 다니시던 부산의 목원 하상욱 본연님이 오셔서 시중에 나온 전등록 번역본 두세 가지를 보이시며 범인인 당신에게도 부처님과 조사님들의 본래 뜻에 맞지 않는 대문이 군데군데 눈에 뜨인다며 바른 의역의 필요성을 절감한다고 하셨다. 그 후로 전등록 번역을 바로 해주십사 하는 간청이 지극하여 비록 단문하나 이 일을 시작하게 되었다.
　부처님과 조사님들의 근본 뜻에 어긋남이 없게 하기 위해 노력하였으나 약속한 기간 내에 해내기란 실로 벅찬 일이어서 혹시 미비한 점이 없지 않으리니 강호 제현의 좋은 지적이 있기를 바란다.

불법(佛法)이란 본자연(本自然)이라 누가 설(說)하고 누가 듣고 배울 자리요만 그렇지 못한 이가 또한 있어서 부처님과 조사님들의 허물이 생기는 것이다.

어떤 것이 부처인고?
화분의 빨간 장미니라.

이 가운데 남전(南泉) 뜰꽃 도리(道理)며 한산(寒山) 습득(拾得)의 웃음을 누릴진저.

단기(檀紀) 4354년
불기(佛紀) 3048년
서기(西紀) 2021년

무등산인 농선 대원 분향근서
(無等山人 弄禪 大圓 焚香謹書)

양억(楊億)의 경덕전등록 서문

　석가모니께서 일찍이 연등 부처님의 수기를 받아, 현겁(賢劫)의 보처(補處)가 되어 이 땅에 탄강하시고 법을 펴서 교화하시기가 49년이었으니 방편과 진리, 돈오(頓悟)와 점수(漸修)의 문호를 여시고, 헤아릴 수 없이 많은 다양한 교법을 내려 주셨다.
　근기(根機)에 따라 진리를 깨닫게 하신 데서 삼승(三乘)의 차별이 생겼으니, 사물에 접하는 대로 중생을 이롭게 하여 한량없는 중생을 제도하셨다. 그 자비는 넓고 컸으며 그 법식(法式)은 두루 갖추어져 있었다.
　쌍림(雙林)에서 열반에 드실 때 가섭(迦葉)에게만 유촉하신 것이 차츰차츰 전하여 달마에 이르러서 비로소 문자를 세우지 않고 마음의 근원을 곧바로 보이게 되었으니, 차례를 밟지 않고 당장에 부처의 경지에 오르게 되어 다섯 잎[1]이 비로소 무성하고 천 개의 등불[2]이 더욱 찬란하여서, 보배 있는 곳에 이른 이는 더욱 많고, 법의 바퀴를 굴린 이도 하나가 아니었다.
　부처님께서 부촉하신 종지와 정법안장(正法眼藏)이 유통되는 도리는 교리 밖에서 따로 행해지는 불가사의(不可思議)한 것이다.
　태조(太祖)께서 거룩하신 무력으로 전란을 진압하신 뒤에 사찰을 숭상하여 제도의 문을 활짝 여셨고, 태종(太宗)께서 밝으신 변재로 비밀한 법을 찬술하시어 참된 이치를 높이셨으며, 황상(皇上)[3]께서 높으신 학덕으로 조사의 뜻을 이어 거룩한 가르침에 머릿말을 쓰셔 종풍(宗風)을 잇게 하시니, 구름 같은 문장이 진리의 하늘에 빛나고, 부처의 황금같은 설법

---

1) 다섯 잎 : 중국 선종의 2조 혜가로부터 6조 혜능에 이르는 다섯 조사를 말한다.
2) 천 개의 등불 : 중국에 선법(禪法)이 전해진 이후 등장한 수많은 견성도인들을 말한다.
3) 황상(皇上) : 송의 진종(眞宗)을 말한다.

이 깨달음의 동산에 펼쳐졌다.

대장경의 말씀에 비밀히 계합하고, 인도로부터의 법맥이 번창하니, 뭇 선행을 늘리는 이가 더욱 많아졌고, 요의(了義)[4]를 전하는 사람들이 간간이 나타나서 원돈(圓頓)의 교화가 이 지역에 퍼졌다.

이에 동오(東吳)의 승려인 도원(道原)이 선열(禪悅)의 경지에 마음을 모으고, 불법의 진리를 샅샅이 찾으며, 여러 세대의 조사 법맥을 찾고, 제방의 어록(語錄)을 모아 그 근원과 법맥에 차례를 달고, 말씀들을 차례차례 엮되, 과거 7불로부터 대법안(大法眼)의 문도에 이르기까지 무릇 52세대, 1,701인을 수록하여 30권으로 만들어 경덕전등록이라 하여 대궐로 가지고 와서 유포해 주기를 청하였다.

황상께서는 불법을 밖으로부터 보호하고자 하시고, 승려들의 부지런함을 가상히 여겨 마음가짐을 신중히 하고 생각을 원대히 하여 좌사간(左司諫) 지제고(知制誥) 양억(楊億)과 병부원외랑(兵部員外郎) 지제고(知制誥) 이유(李維)와 태상승(太常丞) 왕서(王曙) 등을 불러 교정케 하시니, 신(臣) 등은 우매하여 삼학(三學)[5]의 근본 뜻을 모르고 5성(五性)[6]의 방편에 어두우며, 훌륭한 번역 솜씨도 없고, 비야리 성에서 보인 유마 거사의 묵연(默然) 도리[7]에도 둔하건만 공손히 지엄하신 하명(下命)을 받들어 감히 끝내 사양하지 못하였다.

그 저술된 내용을 두루 살펴보면 대체로 진공(眞空)[8]으로써 근본을 삼고 있고, 옛 성인께서 도에 들던 인연을 서술할 때나 옛 사람이 진리를 깨달은 이야기를 표현할 때엔 근기와 인연의 계합함이 마치 활쏘기와 칼쓰

---

4) 요의(了義) : 일을 다 마친 도리. 깨달아서 깨달음마저 두지 않는 경지를 말한다.
5) 삼학(三學) : 계(戒), 정(定), 혜(慧).
6) 5성(五性) : 법상종의 용어. 일체중생의 근기를 다섯 성품으로 나누어서 성불할 근기와 성불하지 못할 근기로 나누었다.
7) 유마 거사의 묵연 도리 : 유마 거사가 비야리성에서 그를 문병하러 온 문수보살과 법담을 할 때 잠자코 말이 없음으로 불이(不二)의 도리를 드러내 보인 일을 말한다.
8) 진공(眞空) : 색(色)이니 공(空)이니를 초월해서 누리는 경지.

기가 알맞는 것 같아 지혜가 갖추어진 데서 광명을 내어, 채찍 그림자만 보고도 달리는 말과 같은 상근기자(上根機者)들에게 널리 도움이 되고 있다.

후학(後學)들을 인도함에는 현묘한 진리를 드날리고 있고, 다른 이야기를 가져올 때에는 출처를 밝히고 있으며, 다듬어지지 않은 부분도 많으나 훌륭한 부분도 찾아볼 수 있었다. 모든 대사들이 대중에게 도리를 보일 때에 한결같은 소리로 펼쳐 보이고 있으니 영특한 이가 귀를 기울여 듣는다면 무수한 성인들이 증명한다 할 것이다. 개괄해서 들추어도 그것이 바탕이어서 한군데만 취해도 그대로가 옳다.

만일 별달리 더 붓을 댄다면 그 돌아갈 뜻을 잃을 것이다. 중국과 인도에서의 말이 이미 다르지 않은데 자칫하면 구슬에다 무늬를 새기려다 보배에 흠집을 낼 우려가 있기에, 이런 종류는 모두 그대로 두었다. 더욱이 일은 실제로 행한 것만을 취해 기록하여 틀림없이 잘 서술했으나 말이란 오래도록 남아 전해지는 까닭에 전혀 문장을 다듬지 않을 수는 없었다.

어떤 사연을 기록할 때엔 그 자취를 자세히 하였고 말이 복잡해지거나 이야기가 저속한 것이 있으면 모두 삭제하되 문맥이 통하게 하였다.

유교(儒敎)의 대신이나 거사(居士)의 문답에 이르러 벼슬자리와 성씨가 드러난 이는 연대와 역사에 비추어 잘못을 밝히고, 사적(史籍)에 따라 틀린 점을 바로잡아 믿을 만한 전기가 되게 하였다.

만일 바늘을 던져 맞추듯 한 치의 어긋남 없이 도리를 밝히는 일이 아니거나, 번갯불이 치듯 빠른 기틀을 내보이는 일이 아니거나, 묘하게 밝은 참 마음을 보이는 일이 아니거나, 고(苦)와 공(空)의 깊은 이치를 조사(祖師)의 뜻 그대로 기술(記述)하는 일이 아니라면, 어떻게 등불을 전한다는 전등(傳燈)이라는 비유에 계합(契合)하는 그 극진한 공덕을 베풀 수 있었겠는가?

만일 감응(感應)한 징조만을 서술하거나 참문하고 행각한 자취만을 기록한다 할 것 같으면 이는 이미 승사(僧史)에 밝혀져 있는 것이니, 어째서 선가(禪家)의 말씀을 굳이 취하겠는가? 세대와 계보의 명칭을 남긴 것만이 아니라 스승과 제자가 이어지는 근거를 널리 기록하였다.

그러나 옛날 책에 실린 것을 보면 잘 다듬어지지 않은 내용을 수록하고 잘 다듬어진 것은 버린 일이 있는데, 다른 기록에 남아 있으면 해당하는 문장을 찾아 보완하고, 더욱 널리 찾아서 덧붙이기도 하였다. 또한 서문과 논설에 이르러 혹 옛 조사(祖師)의 문장이 아닌 것이 사이사이 섞이어 공연히 군소리가 되었으면 모두 간추려서 다 깎아버렸으니, 이같이 하여 1년 만에 일이 끝났다.

저희 신(臣)들은 성품과 식견이 우둔하고, 학문이 넓지 못하고, 기틀이 본래 얕고, 문장력은 부족하여 묘한 도리가 사람에게 달렸다고는 하나 마음에서 떠난 지 오래되고 깊은 진리를 나타내는 말이 세속에서 단절되어, 담벽을 마주한 듯 갑갑하게 지낸 적이 많았다. 과분하게도 추천해 주시는 은혜를 받았으나 아무 힘도 발휘하지 못했다. 편찬하는 일이 이미 끝났으므로 이를 임금님께 바친다. 그러나 임금님의 뜻에 맞지 않아, 임금님께서 거룩히 살펴보시는 데에 공연히 누만 끼치는 것이 아닌가 한다. 삼가 바친다.

한림학사조산대부행좌사간지제고동
수국사판사관사주국남양군개국후식읍
1천백호사자금어대신 양억 지음

景德傳燈錄序 昔釋迦文。以受然燈之夙記當賢劫之次補。降神演化四十九年。開權實頓漸之門。垂半滿偏圓之敎。隨機悟理。爰有三乘之差。接物利生。乃度無邊之眾。其悲濟廣大矣。其軌式備具矣。而雙林入滅。獨顧於飲光。屈眴相傳。首從於達磨。不立文字直指心源。不踐楷梯徑登佛地。逮五葉而始盛。分千燈而益繁。達寶所者蓋多。轉法輪者非一。蓋大雄付囑之旨。正眼流通之道。敎外別行不可思議者也。

聖宋啟運人靈幽贊。太祖以神武戡亂。而崇淨刹。闢度門。太宗以欽明禦辯。而述祕詮。暢真諦。皇上睿文繼志而序聖敎繹宗風。煥雲章於義天。振金聲於覺苑。蓮藏之言密契。竺乾之緒克昌。殖眾善者滋多。傳了義者間出。圓頓之化流於區域。有東吳僧道原者。冥心禪悅。索隱空宗。披弈世之祖圖。采諸方之語錄。次序其源派。錯綜其辭句。由七佛以至大法眼之嗣。凡五十二世。一千七百一人。成三十卷。目之曰景德傳燈錄。詣闕奉進冀於流布。

皇上爲佛法之外護。嘉釋子之勤業。載懷重愼。思致悠久。乃詔翰林學士左司諫知制誥臣楊億。兵部員外郞知制誥臣李維。太常丞臣王曙等。同加刊削。俾之裁定。臣等昧三學之旨迷五性之方。乏臨川翻譯之能。懵毘邪語默之要。恭承嚴命。不敢牢讓。竊用探索匪遑寧居。考其論譔之意。蓋以真空爲本。將以述巽聖入道之因。標昔人契理之說。機緣交激。若拄於箭鋒。智藏發光。旁資於鞭影。

誘道後學。敷暢玄猷。而捃摭之來。徵引所出。糟粕多在。油素可尋。其有大士。示徒。以一音而開演。含靈聳聽。乃千聖之證明。屬概舉之是資。取少分而斯可。若乃別加潤色失其指歸。既非華竺之殊言。頗近錯雕之傷寶。如此之類悉仍其舊。況又事資紀實。必由於善敘。言以行遠。非可以無文。其有標錄事緣。縷詳軌跡。或辭條之紛糾。或言筌之猥俗。並從刊削。俾之倫貫。

至有儒臣居士之問答。爵位姓氏之著明。校歲歷以愆殊。約史籍而差謬。鹹用刪去。以資傳信。自非啟投針之玄趣。馳激電之迅機。開示妙明之真心。祖述苦空之深理。即何以契傳燈之喻。施刮膜之功。若乃但述感應之徵符。專敘參遊之轍跡。此已標於僧史。亦奚取於禪詮。聊存世系之名。庶紀師承之自然而舊錄所載。或掇粗而遺精。別集具存。當尋文而補闕。率加采撮。爰從附益。逮於序論之作。或非古德之文。問廁編聯徒增楦釀（楦釀二字出唐張燕公文集。謂冗長也）亦用簡別多所屏去。汔茲周歲方遂終篇。臣等性識魄於冥煩。學問慚於涉獵。天機素淺。文力無餘。妙道在人。雖刻心而斯久。玄言絕俗。固牆面以居多。濫膺推擇之私。靡著發揮之效。已克終於紬繹。將仰奉於清間。莫副宸襟空塵睿覽。謹上。

翰林學士朝散大夫行左司諫知制誥同
修國史判史館事柱國南陽郡開國侯食邑
一千百戶賜紫金魚袋臣楊億 撰

승려 희위(希渭)의 경덕전등록 재발간사

  호주로(湖州路) 도량산(道場山) 호성만세선사(護聖萬歲禪寺)의 늙은 중 희위(希渭)는 본관이 경원로(慶元路) 창국주(昌國州)이며 성은 동(董)씨다.
  어릴 때부터 고향의 성에 있는 관음선사(觀音禪寺)에 가서 절조(絶照) 화상을 스승으로 삼았고, 법명(法名)을 받게 되어 자계현(慈溪縣) 개수(開壽)의 보광선사(普光禪寺)에 가서 용원(龍源) 화상에 의해 머리를 깎고 중이 되었다.
  그대로 오대율사(五臺律寺)로 가서 설애(雪涯) 화상에게 구족계를 받은 뒤에 짐을 꾸려 서쪽으로 향해 행각을 떠나 수행을 하다가 나중에 다시 은사이신 용원 화상을 만나 이 산으로 옮겨 왔다.
  스승을 따라 배움에 참여하고 이로움을 구한 지 벌써 여러 해가 되었다. 항상 스승의 은혜를 생각하면서도 갚을 기회가 없었다. 그런데 삼가 윗대로부터의 부처와 조사들을 수록한 경덕전등록 30권을 보니 7불로부터 법안(法眼)의 법사(法嗣)에 이르기까지 전부 52세대(世代)인데, 경덕(景德)에서 연우(延祐) 병진년에 이르기까지 317년이나 지나서 옛 판본이 다 썩어버려 남아있지 않기 때문에 후학들이 보고 싶어도 볼 수가 없었다. 이에 발심하여 다시 간행한다.
  홀연히 내 고향에 있는 천성선사(天聖禪寺)의 송려(松廬) 화상이 소장하고 있던, 여산(廬山)의 은암(隱庵)에서 찍은 옛 책이 가장 보존이 잘 된 상태로 입수되었는데, 아주 내 마음에 들었다. 마침내 병진(丙辰)년 정월 10일에 의발 등속을 모두 팔아 1만 2천여 냥을 얻었다. 그날 당장에 공인(工人)에게 간행할 것을 명하여 조사의 도리가 세상에 유포되게 하였다. 이 책은 모두 36만 7천 9백 17자이다. 그해 음력 12월 1일에야 공인의 작업이 끝났다.

당장에 300부를 인쇄하여 전당강(錢塘江) 남북지역과 안중(安衆)지역[9]의 여러 명산(名山)의 방장(方丈)[10]과 몽당(蒙堂)[11]과 여러 요사(寮舍)[12]에 한 부씩을 비치케 하여 온 세상의 도를 분변(分辨)하는 참선납자(參禪衲子)들이 참구하기에 편하도록 하였다. 이를 잘 이용하여 사은(四恩)[13]을 갚고 아울러 삼유(三有)의 중생[14]에게도 도움이 되기 바란다.

대원(大元) 연우(延祐) 3년[15] 음력 12월 1일
늙은 중 희위(希渭)가 삼가 쓰고
젊은 비구 문아(文雅)가 간행을 감독하고
주지 비구 사순(士洵)이 간행하다.

---

9) 두 지역은 희위 스님의 고향인 호주(湖州)와 비교적 인접한 지역들이다.
10) 방장(方丈) : 절의 주지가 거처하는 방. 지금은 견성한 이가 아니더라도 주지를 맡고 있으나 그 당시에는 견성한 도인이라야 그 절의 주지를 맡았다. 따라서 방장에는 대체로 법이 높은 스님이 기거하는 경우가 대부분이었다.
11) 몽당(蒙堂) : 승사(僧寺)의 일에서 물러난 사람이 거처하는 방.
12) 요사(寮舍) : 절에서 대중이 숙식하는 방.
13) 사은(四恩) : 보시(布施), 자애(慈愛), 화도(化導), 공환(共歡)의 네가지 시은(施恩), 또는 부모(父母), 중생(衆生), 국왕(國王), 삼보(三寶)의 네가지 지은(知恩).
14) 삼유(三有)의 중생 : 욕계(慾界), 색계(色界), 무색계(無色界)의 삼계(三界)를 유전하는 미혹한 중생.
15) 서기 1316년.

차 례

서문 35
양억(楊億)의 경덕전등록 서문 37
승려 희위(希渭)의 경덕전등록 재발간사 42
일러두기 48

명(銘)·기(記)·잠(箴)·가(歌) 49

부대사(傅大士)의 심왕명(心王銘) 51
삼조(三祖) 승찬(僧璨) 대사의 신심명(信心銘) 57
우두산(牛頭山)의 초조(初祖) 법융(法融) 선사의 심명(心銘) 70
식심명(息心銘) 87
보리달마(菩提達磨)의 약변대승입도사행론(略辨大乘入道四行論) 94
하택(荷澤) 대사 현종기(顯宗記) 101
남악(南嶽) 석두(石頭) 화상의 참동계(參同契) 112

오대산(五臺山) 진국(鎭國) 대사 징관(澄觀)께서 황태자가 심요(心要)를 물음에 답하다 117

항주(抗州) 오운(五雲) 화상의 좌선잠(坐禪箴) 126

영가(永嘉) 진각(眞覺) 대사의 증도가(證道歌) 133

등등(騰騰) 화상의 요원가(了元歌) 162

남악(南嶽) 나찬(懶瓚) 화상의 노래 165

석두(石頭) 화상의 초암가(草庵歌) 172

도오(道吾) 화상의 낙도가(樂道歌) 176

배도(杯渡) 선사의 일발가(一鉢歌) 180

낙보(樂普) 화상의 부구가(浮漚歌) 196

소계(蘇溪) 화상의 목호가(牧護歌) 199

법등(法燈) 선사 태흠(泰欽)의 고경가(古鏡歌) 3수 203

담주(潭州) 용회(龍會) 도심(道尋)의 변참삼매가(遍參三昧歌) 210

단하(丹霞) 화상의 완주음(翫珠吟) 2수 214

관남(關南) 장로의 획주음(獲珠吟) 222

향엄(香嚴) 화상 지한(智閑)의 2수 읊음 225

소산(韶山) 화상의 심주가(心珠歌) 230

위부(魏府) 화엄(華嚴) 장로가 대중에게 보이다 233

천성광등록 제18권에서 발췌하다 241

경덕전등록 발(跋) 255

경덕전등록 소(疏) 258

경덕전등록 후서(後序) 263

색인표 269

부록1 농선 대원 선사님 인가 내력 279
부록2 농선 대원 선사님 법어 287
부록3 21세기에 인류가 해야 할 일 317
부록4 가슴으로 부르는 불심의 노래 321

일러두기

1. 대만에서 펴낸 『경덕전등록(景德傳燈錄)』(宋釋道原 編, 新文豐出版公司, 民國 75년, 1986년)에 의거해서 번역했으며 누락된 부분 없이 완역하였다.
2. 농선 대원 선사가 각 선사장마다 선리의 토끼뿔을 더하여 닦아 증득하는 데 도움이 되도록 하였다.
3. 뜻이 통하지 않는데도 오자가 아닐 때는 옛 한문 사전에서 그 조사 당시에 그 글자가 어떻게 쓰였는가를 찾아 번역하였다. 예를 들어 '還'자가 돌아올 '환'으로가 아니라 영위할 '영'으로 쓰여 뜻이 통한 경우에는 '영위하다' '누리다'로 의역하였다.
4. 선사들의 생몰연대는 여러 기록된 내용이 일치하지 않거나 미상으로 되어 있는 바가 많아, 각 선사 당시의 나라와 왕의 연대, 불교의 상황 등을 역사학자들이 전문적으로 연구하여 밝혀야 할 부분이 있기에, 이 책에서는 여러 자료와 연구 결과가 일치된 내용만을 주에서 표기하였다.
5. 첨가한 주의 내용은 불교에 대한 지식이 없는 이들도 선문답을 참구해 가는데 도움이 되도록 간략하게 달았으며, 주의 내용에 따라서는 사전적인 뜻보다는 선리(禪理)로서 그 뜻을 밝혀 마음에 비추어 참구할 수 있도록 하였다.

명(銘) · 기(記) · 잠(箴) · 가(歌)

부대사(傅大士)의 심왕명(心王銘)

마음 공왕(空王) 관하니 현묘하여 헤아릴 수 없네
얼굴 형상 없건만 큰 신통력 가져서
일천 재앙 소멸하고 일만 공덕 성취했네
성품 본체 공하지만 온갖 법 빚어내고
형상은 없지만 부르면 대답 있어
큰 법 장차 마음으로 지키게끔 경으로 전하셨네

傅大士心王銘。
觀心空王玄妙難測
無形無相有大神力
能滅千災成就萬德
體性雖空能施法則
觀之無形呼之有聲
爲大法將心戒傳經

물속의 짠 맛과 채색 속의 아교가
분명히 있긴 하나 형체를 볼 수 없듯
심왕(心王)도 그렇게 몸 안에 있다네
낯 앞에 출입하며 상(相)에 응해 뜻에 따름
자유롭고 걸림 없어 일일마다 이뤄내네
근본을 깨달아 마음을 알면
아는 마음이 부처를 본 것이니
이 마음이 부처요 부처가 이 마음일세
생각생각 모두가 부처인 마음이니
부처인 마음이라 생각도 부처일세

水中鹽味色裏膠淸
決定是有不見其形
心王亦爾身內居停
面門出入應物隨情
自在無礙所作皆成
了本識心識心見佛
是心是佛是佛是心
念念佛心佛心念佛

빠르게 성취하게 되기를 바라거든
경계하는 마음으로 스스로를 다스려라
청정한 계율로 마음이 깨끗하면 마음이 곧 부처이다
심왕(心王)을 떠나서는 다른 부처 없나니
부처되기 바란다면 한 물건에도 물들지 말라
마음 성품 공하다 하지만 탐진치의 참몸일세
이 법문에 바로 들어 단좌하여 성불하면
저 언덕에 이르러 바라밀을 얻음일세
도를 진정 흠모하는 선비라면
자신의 마음을 스스로 관하여
안에 있는 부처를 밖을 향해 찾지 말라

欲得早成戒心自律
淨律淨心心即是佛
除此心王更無別佛
欲求成佛莫染一物
心性雖空貪瞋體實
入此法門端坐成佛
到彼岸已得波羅蜜
慕道眞士自觀自心
知佛在內不向外尋

마음이 곧 부처요 부처가 곧 마음이니
마음을 밝혀서 부처를 알려거든
알려 하는 그 마음을 깨달아 밝혀라
마음 떠나 부처 없고 부처 떠나 마음 없어
부처가 아니면 헤아릴 수 없어 받아들일 수도 없네
공에 집착하여 적(寂)에 머무르면 떠돌거나 침체하니
이것은 불보살님 안심처(安心處)가 아니로세
마음 밝힌 대사는 현묘한 말 깨달아
몸과 마음 묘한 성품 사용하되 변함없어
지혜로운 사람으로 걸림 없이 자재하네

即心即佛即佛即心
心明識佛曉了識心
離心非佛離佛非心
非佛莫測無所堪任
執空滯寂於此漂沈
諸佛菩薩非此安心
明心大士悟此玄音
身心性妙用無更改
是故智者放心自在

마음의 왕이라고 말하지도 말 것이니
체성에는 없다는 것조차 공 하다네
색신 부려 바른 것도 삿된 것도 짓지만
있는 것도 아니고 없는 것도 아니어서
숨거나 나타남이 정해진 것 아니네
마음의 성품은 공함마저 여의어
범부도 될 수 있고 성인도 될 수 있네
이 까닭에 권하노니 스스로 삼가라
찰나에 한 짓으로 다시금 떨어지리니
청정한 마음지혜 만금과도 같은 걸세

莫言心王空無體性
能使色身作邪作正
非有非無隱顯不定
心性離空能凡能聖
是故相勸好自防慎
刹邦造作還復漂沈
淸淨心智如世萬金

반야의 법 창고는 제 마음에 있으며
무위의 법 보배에는 깊고 얕음 없다네
모든 부처님과 보살들은 근본 마음 깨달은 분
오고감 없으나 인연 있으면 만나네

般若法藏並在身心
無爲法寶非淺非深
諸佛菩薩了此本心
有緣遇者非去來今

삼조(三祖) 승찬(僧璨) 대사의 신심명(信心銘)

지극한 도 어려울 것 없으니
간택을 꺼려야 할 뿐이다
좋아하고 싫어함만 없으면
가없이 이러-해서 명백하네
털끝만한 차별만 일으켜도
하늘땅 사이로 아득하다
깨달음의 도리는 드러난 것
따르거나 거슬림을 두지 말게
따르고 거슬림이 서로 다퉈
마음병의 근본이 되었다네

三祖僧璨大師信心銘。
至道無難唯嫌揀擇
但莫憎愛洞然明白
毫釐有差天地懸隔
欲得現前莫存順逆
違順相爭是為心病

부사의한 이치를 알지 못해
수고롭게 생각을 쉬려 하나
두렷하여 허공과도 같아서
모자람도 남음도 없건마는
취하거나 버리려 하기에
그로 인해 이러-하지 못하네
세간의 인연도 따르잖고
성인의 경지에도 머묾없이
일인 근본 평화로운 마음을
흔적없이 자유로이 쓰게나
움직임을 그치려 한다면
그게 되려 움직임이 된다네

不識玄旨徒勞念靜
圓同太虛無欠無餘
良由取捨所以不如
莫逐有緣勿住空忍
一種平懷泯然自盡
止動歸止止更彌動

두 갓에 머물러만 있다면
일인 근본 이러-함을 어찌 알리
일인 근본 통달치 못하면
양쪽에서 공능을 잃으리니
있는 능력 버리려다 빠져들고
공 따르려 하다가는 공 등지네
말이 많고 생각이 많으면
서로 응함 이루지 못하지만
말 끊기고 생각이 끊어지면
통하지 못할 곳이 없어서
근원에 돌아가면 종지 얻고
비침을 따르면 종지 잃네

唯滯兩邊寧知一種
一種不通兩處失功
遣有沒有從空背空
多言多慮轉不相應
絶言絶慮無處不通
歸根得旨隨照失宗

단박에 반조하여 쓴다면
공함에서 나아가 뛰어나나
나아가 굴리다 변한다면
망령스런 견해가 이유라네
참된 것을 구하지도 말 것이며
망령된 견해만 쉬어버려
두 가지 견해에 머묾없이
쫓거나 찾는 것도 삼가 하게
찰나라도 시시비비 있다면
어지럽게 마음을 잃을 걸세
둘이란 일로부터 있다 하나
일마저도 지키려고 하지 말게

須臾返照勝却前空
前空轉變皆由妄見
不用求真唯須息見
二見不住慎莫追尋
才有是非紛然失心
二由一有一亦莫守

일심이란 것마저 남 없으면
만법에서 허물없을 것이며
허물이 없으면 법도 없어
남 없으면 마음이랄 것도 없네
주체가 경계 쫓다 멸하고
경계가 주체 쫓다 침체했다 하나
주체로 말미암은 경계였고
경계로 말미암은 주체였네
주체니 경계니를 알겠는가
원래가 가없는 몸 뿐일세
가없는 몸 주체이자 경계이며
만상을 머금었다 하지만

一心不生萬法無咎
無咎無法不生不心
能隨境滅境逐能沈
境由能境能由境能
欲知兩段元是一空
一空同兩齊含萬象

정밀하니 거치니가 없는데
주체니 경계니가 있겠는가
큰 도의 본몸은 가없어서
쉬움도 어려움도 없건만
소견 좁아 여우처럼 의심하니
급하게 굴수록 더뎌지네
착(着)할수록 법도를 잃게 되어
삿된 길로 들어가게 되느니
스스로 이러-히 놓아 쓰면
본래몸엔 가거나 머묾없네
뜻대로 함 도리에 일치하면
번뇌를 끊어서 소요하나

不見精麁寧有偏黨
大道體寬無易無難
小見狐疑轉急轉遲
執之失度必入邪路
放之自然體無去住
任性合道逍遙絕惱

생각에 얽매이면 참됨 어겨
어둠에 잠기나니 좋아 말게
신기만을 괴롭힐 뿐인데
멀고 친함 어디에 쓰리오
일승 향해 나가고자 한다면
육진이라 꺼리지도 말지니
꺼려야 할 육진마저 없어야
정각을 누려서 같을 걸세
지혜로운 이들은 함 없으나
어리석은 사람은 얽매이네
법이라는 법이 따로 없는데
망령되게 스스로 애착하니

繫念乖眞昏沈不好
不好勞神何用疎親
欲取一乘勿惡六塵
六塵不惡還同正覺
智者無爲愚人自縛
法無異法妄自愛著

마음 가져 마음을 쓴다함이
어찌 큰 그르침이 아니겠나
고요하다, 어지럽다 미해서니
깨달으면 좋고 싫음 없어지네
일체의 상대적인 견해는
헤아리는 버릇들 때문일세
꿈같고 환같은 허공꽃을
어떻게 잡으려고 헛수곤가
득실이니 시비니 하는 것을
한순간 내던져 버리게나
졸음으로 잠자는 일 없으면
꿈이란 것 스스로 없어지듯

將心用心豈非大錯
迷生寂亂悟無好惡
一切二邊良由斟酌
夢幻虛華何勞把捉
得失是非一時放却
眼若不睡諸夢自除

마음마다 달라짐이 없으면
만법이 근본과 같을 걸세
본래몸의 현묘한 씀 한결같아
우뚝히 인연을 잊어서
만법을 모두 갖춘 관함으로
회복되어 스스로 이러-하니
그러한 까닭에 나뉨없어
본뜨거나 비교할 수 없다네
그치고 동작하나 동작 없고
동작하고 그치나 그침 없어
동작이니 그치니도 없거니
하나인들 그 어찌 있을건가

心若不異萬法一如
一如體玄兀爾忘緣
萬法齊觀歸復自然
泯其所以不可方比
止動無動動止無止
兩既不成一何有爾

구경인 궁극에 이르면
일정한 법칙이란 없어서
평등한 마음에 계합하여
짓는다는 곳마저 쉬어져
여우의심 다 없어진 청정이라
바른 믿음 고르고도 반듯하며
일체에 머무름이 없어서
기억해 둘 것도 없는지라
밝게 비어 스스로 비추어서
마음의 애씀이 없다네
생각으로 헤아릴 곳 없어서
식정으로 측량하기 어려우니

究竟窮極不存軌則
契心平等所作俱息
狐疑盡淨正信調直
一切不留無可記憶
虛明自照不勞心力
非思量處識情難測

진여의 법계인 화장세계
남이니 나이니도 없다네
재빠르게 사무쳐 상응토록
오로지 둘 아님을 말해 주어
둘 아닌 도리에 같게 하여
포용하지 못한 사람 없게 해야
시방세계 지혜로운 분들을
이 종지에 들어오게 한다네
종지에는 길고 짧음 없나니
한 생각 그대로 만년이라
있고 없음 이러-히 없어서
시방이 온통 다 눈앞일세

真如法界無他無自
要急相應唯言不二
不二皆同無不包容
十方智者皆入此宗
宗非促延一念萬年
無在不在十方目前

극히 작음, 큰 것과 같아서
능과 소 온통 다 끊어졌고
지극히 큼, 작은 것과 같아서
갓이란 볼 수가 전혀 없어
있음이 그대로 없음이며
없음이 그대로 있음이니
이 같은 경지가 아니라면
따르거나 지키지 말게나
근본인 그대로 일체이며
일체인 그대로 근본이라
다만 능히 이러-히 한다면
마치지 못할까를 염려하랴

極小同大忘絕境界
極大同小不見邊表
有卽是無無卽是有
若不如此必不須守
一卽一切一切卽一
但能如是何慮不畢

신심이란 둘 아닌 경지이며
둘 아닌 경지가 신심이다
말로써 이를 길 끊어져서
과거 현재 미래도 아니로세

信心不二不二信心
言語道斷非去來今

우두산(牛頭山)의 초조(初祖) 법융(法融) 선사의 심명(心銘)

마음 성품 나는 것 아니거늘
어찌하여 알거나 보려 하며
본래부터 한 법도 없거늘
누가 닦아 익힘을 논할 건가
가거나 온다는 것 본래 없어
쫓아 찾아보는 것 아니라네
일체를 지음만 없다면
밝고도 고요함 드러나리

牛頭山初祖法融禪師心銘。
心性不生何須知見
本無一法誰論熏鍊
往返無端追尋不見
一切莫作明寂自現

지난 세월 이러-한 공(空)이거늘
알려는 분별에서 근본을 매하고
분명한 경계로 비추어
비춤을 따르다가 매하였네
일심에 걸리는 것 있으면
모든 법에 통달하지 못하네
가고 옴에 스스로 이렇거늘
먼 것이니 거짓이니 추궁하랴
나도 난 형상이 없어서
남[生]이란 것 비춤과 한가지네
마음이 깨끗하길 바라거든
무심으로 공덕을 행하여라

前際如空知處迷宗
分明照境隨照冥蒙
一心有滯諸法不通
去來自爾胡假推窮
生無生相生照一同
欲得心淨無心用功

종횡 없는 비춤이어야
최고로 미묘한 함이로세
법을 알면 안다는 것 없으니
안다는 것 없어야 앎 이루네
마음으로 고요함만 지키면
오히려 병 낫지 못한 바니
생사라는 생각마저 잊어야
바로 즉시 본래의 성품일세
지극한 이치는 설명할 수 없어서
매인 것도 푸는 것도 아닐세
영통하게 사물에 응하니
항상 있는 눈앞의 것이라네

縱橫無照最爲微妙
知法無知無知知要
將心守靜猶未離病
生死忘懷即是本性
至理無詮非解非纏
靈通應物常在目前

눈앞에 한 물건 없으나
한 물건 없음이 또렷하여
당체가 스스로 비고 묘하니
애씀 없는 지혜의 거울일세
생각이 일거나 멸하거나
앞뒤가 다른 것 아니라네
뒤라는 생각을 내잖으면
앞이란 생각도 절로 없고
삼세라는 이름도 설 수 없어
마음이니 부처니 할 것 없네
중생이란 마음이 없으면
무심에도 머묾이 없다네

目前無物無物宛然
不勞智鑒體自虛玄
念起念滅前後無別
後念不生前念自絕
三世無物無心無佛
衆生無心依無心出

범부니 성인이니 분별하면
번뇌가 굴러서 성해지며
계교하면 항상함에 어긋나니
참을 구함, 바름을 등짐일세
경계와 다스림 다 없으면
가없이 이러-해서 밝고 맑네
공교로움 구할 것도 없어서
영아행만 지어질 뿐이라네
성성(惺惺)하여 깨달아 앎 있다 해도
소견의 그물에 되얽히고
적적(寂寂)하여 본 바가 없다 해도
어둠을 면하지 못한 바라

分別凡聖煩惱轉盛
計校乖常求眞背正
雙泯對治湛然明淨
不須功巧守嬰兒行
惺惺了知見網轉彌
寂寂無見暗室不移

망령됨만 없으면 성성이며
밝고도 밝음이 적적일세
만상이 항상한 묘리(妙理)이며
삼라도 가없는 자체일세
가거나 오거나 앉고 설 때
일체 것에 집착을 하지 말게
결정코 정한 곳도 없거니
그 누가 들고 난다 하겠는가
합함도 나뉨도 없으며
머묾도 향함도 없으니
이러-히 밝고도 고요해서
말로는 미치지 못한다네

惺惺無妄寂寂明亮
萬象常真森羅一相
去來坐立一切莫執
決定無方誰為出入
無合無散不遲不疾
明寂自然不可言及

마음엔 다른 마음 없으므로
끊어야 할 탐심과 음욕 없네
성품 공해 저절로 여읜 바니
뜨고 잠김 성품에 맡기어라
맑은 것도 흐린 것도 아니며
깊은 것도 얕은 것도 아니니
본래에 옛이란 것 없어서
깨달아 자재하나 이제도 아니로세
깨달아 자재함에도 머묾 없어
깨달아 자재함이 본래의 마음일 뿐일세
본래란 것도 있는 것 아니니
본래가 곧바로 이것일세

心無異心不斷貪淫
性空自離任運浮沈
非淸非濁非淺非深
本來非古見在非今
見在無住見在本心
本來不存本來卽今

보리는 본래 있는 것이니
지켜야 할 필요도 없으며
번뇌란 것 본래에 없어서
없애야 할 까닭도 없다네
영지(靈知)로 스스로 비추니
만법이 진여로 돌아간다 하나
돌아감도 받음〔受〕¹⁾도 없어서
관법마저 끊어져 지킴 없네
사덕(四德)도 나는 것 아니어서
삼신(三身)에 본래부터 갖춘 바라
육근으로 경계를 대함도
식으로 분별함이 아니로세

菩提本有不須用守
煩惱本無不須用除
靈知自照萬法歸如
無歸無受絶觀忘守
四德不生三身本有
六根對境分別非識

---

1) 받음〔受〕: 육근이 육경에 닿아 그 대상을 마음에 받아들이는 일.

일심(一心)이라 망령된 것 없어서
만 가지 연(緣), 바르고 조화롭네
마음, 성품 본래에 가지런해
함께 해서 뗄 수가 없다네
남[生]없이 사물에 순응하면
따르는 곳마다 고요하네
깨달음은 깨닫지 못함에 의하나니
깨달았다면 깨달은 것 아니거늘
얻거나 잃었다는 양 끝에서
좋고 나쁨 논하는 이, 누구인고?
일체의 유위(有爲)라고 하는 것도
본래에 만든 것이 아니로세

一心無妄萬緣調直
心性本齊同居不携
無生順物隨處幽棲
覺由不覺即覺無覺
得失兩邊誰論好惡
一切有爲本無造作

마음에 알았다는 맘 없으면
병과 약이 다 같이 없다네
미혹할 땐 현실을 버리려 하나
깨달아 쉬면 다른 것 아니로세
본래에 취할 것이 없거늘
지금 어찌 버릴 것이 있으랴
마구니가 벌떼같이 이르기를
모든 상이 공하다고 말하나
범부 망정 없애려 할 것 없이
오직 뜻을 쉬기만 하여라
뜻이라 할 것 없으면 맘이라 할 것도 없고
맘이라 할 것 없으면 행위라 할 것도 없네

知心不心無病無藥
迷時捨事悟罷非異
本無可取今何用棄
謂有魔興言空象備
莫滅凡情唯教息意
意無心滅心無行絕

공(空) 증득하려 애쓸 것도 없으니
밝게 통해 스스로 이러-하면
생사를 멸하여 다한 바라
진리에 든 그윽한 마음일세
눈을 떠서 형상을 보게 되면
경계 따라 마음이 일어난다지만
마음에는 경계랄 것이 없어
경계라면 마음이 못 되니
마음 가져 경계를 없애려 함
피차(彼此)되어 범하는 까닭 되네
마음이 적멸하면 경계란 것 진여니
버릴 것도 구할 것도 없다네

不用證空自然明徹
滅盡生死冥心入理
開目見相心隨境起
心處無境境處無心
將心滅境彼此由侵
心寂境如不遣不拘

경계란 것 마음 따라 없어지고
마음이란 경계 따라 없어지니
두 곳에 남[生] 없으면
적정하게 비어서 밝고 밝네
보리(菩提)의 나툼일 뿐이니
마음의 물, 언제나 맑고 맑네
덕의 성품 어리석은 듯하여
친하고 먼 것을 세우잖고
칭찬과 훼방에도 요동찮고
거하는 곳 정함도 없다네
모든 인연 단박에 쉬게 되면
온갖 것 기억할 게 없으니

境隨心滅心隨境無
兩處不生寂靜虛明
菩提影現心水常淸
德性如愚不立親疎
寵辱不變不擇所居
諸緣頓息一切不憶

길이길이 낮이 곧 밤과 같고
길이길이 밤이 곧 낮 같음이여
겉으로는 어리석은 것 같으나
안 마음이 비고도 진실하여
경계 대해 동함이 없음이여
대인(大人)의 역량이 있음일세
사람이라 할 것도 없으며
견해라고 할 것도 없으면
견해랄 것 없음이 항상 드러나
경험 않고 해보지 않고서도
일체 모두 깨달아 꿰뚫네
생각하면 할수록 어두워져
정신을 어지럽게 할 뿐이며

永日如夜永夜如日
外似頑囂內心虛直[2]
對境不動有力大人
無人無見無見常現
通達一切未嘗不遍
思惟轉昏汨亂精魂

---

2) 直이 원나라본에는 眞으로 되어 있다.

마음 가져 움직임을 멈추려 함
더욱더 분주하게 할 뿐이네
만법이라 하지만 거처 없어
온통 이 한 집 일뿐이어서
들 것도 날 것도 없으며
고요함도 소란함도 없다네
성문이나 연각(緣覺)의 지혜로는
이야기 할 수가 없나니
진실로 한 물건도 없어서
신묘한 지혜만 홀로 하네
근본 경지 이러-히 드러나서
마음으로 궁구할 바 아니니

將心止動轉止轉奔
萬法無所唯有一門
不入不出非靜非喧
聲聞緣覺智不能論
實無一物妙智獨存
本際虛冲非心所窮

정각은 각이랄 것도 없고
진공은 공마저도 아니라네
과거, 현재, 미래세의 부처님들
모두 다 이 종에 의하니
이 종은 한 털끝도 없으나
항하사 세계를 포용하네
온갖 것에 마음을 두지 말라
본래의 마음은 곳이 없네
본래의 마음은 곳 없이
비고 밝아 저절로 드러나
고요하고 고요히 남[生] 없음으로
거침없이 종횡무진 자재하여

正覺無覺眞空不空
三世諸佛皆乘此宗
此宗毫末沙界含容
一切莫顧安心無處
無處安心虛明自露
寂靜不生放曠縱橫

매사에 걸림이 없어서
가거나 머묾에 다 평등하네
지혜의 태양이 적적(寂寂)하고
선정의 광명이 밝고 밝아
무상(無相)의 동산을 비치나니
열반의 성(城) 이러-히 밝다네
온갖 인연 잊어 마치면
싱그러운 선정 바탕 갖춤이니
법좌에서 일어남 전혀 없이
빈 방에서 편안히 쉬는 데서
활연한 참 도를 즐김이라
진실로 유유자적이로세

所作無滯去住皆平
慧日寂寂定光明明
照無相苑朗涅槃城
諸緣忘畢詮神定質
不起法座安眠虛室
樂道恬然優遊真實

함이 없고 얻음도 없으며
뛰어나서 의지함도 없다네
사등(四等)[3]과 육도(六度)[4]라고 하지만
다 같은 일승(一乘)[5]의 길 뿐이니
마음에 남[生]이란 것 없으면
법이라는 차별도 없으리
남이 없는 남임을 알게 되면
눈앞이 영원한 참몸일세
지혜로운 이만이 알 수 있어
말로써 깨달을 바 아니네

無爲無得依無自出
四等六度同一乘路
心若不生法無差互
知生無生現前常住
智者方知非言詮悟

---

3) 사등(四等) : 소승 4과.
4) 육도(六度) : 대승의 수행법인 육바라밀. 보시, 지계, 인욕, 정진, 선정, 지혜.
5) 일승(一乘) : 성불하는 유일한 가르침. 모든 것이 부처님의 방편설일 뿐 일승법밖에 없다.

식심명(息心銘)[6]

법계의 여의보(如意寶)가 사람마다 있건만 몸에 오래도록 봉해 두기만 하였으므로 가슴에 새기게 하고자 말한다.

옛날에 마음을 다스리는 것을
계라 하였으니, 계라 함이여
많이 생각지도 알려고도 말라
많이 알면 일이 많으니
뜻을 쉬는 것만 못하고

僧亡名息心銘。法界有如意寶。人焉久緘其身。 銘其膺曰。
古之攝心人也
戒之哉戒之哉
無多慮無多知
多知多事不如息意

---

[6] 지은 승려의 이름은 모른다.

생각이 많으면 잃는 것이 많으니
하나를 지키는 것만 못하네
생각이 많으면 뜻이 흩어지고
아는 것이 많으면 마음이 어지러우며
마음이 어지러우면 번뇌가 생기고
뜻이 흩어지면 도에 방해가 되네
무슨 상해냐고 말하지 말라
괴로움이 더욱 길어지리라
무엇이 두려우랴 말하지 말라
그 앙화가 물 끓듯 하리라
한 방울의 물도 멈추지 않으면
언젠가는 사해가 가득차고

多慮多失不如守一
慮多志散知多心亂
心亂生惱志散妨道
勿謂何傷其苦攸[7]長
勿言何畏其禍鼎沸
滴水不停四海將盈

---

7) 攸가 원나라본에는 悠로 되어 있다.

작은 티끌도 털지 않으면
끝내는 5악(嶽)을 이루네
끝내 막는 비결은 근본에 있으니
비록 작은 것도 가볍게 여기지 말라
일곱 구멍, 여섯 감정 막아서
색이 나타났다고도 하지 말고
소리를 듣는다고도 하지 말라
소리를 들을 때는 귀머거리처럼 하고
빛을 볼 때는 소경처럼 하라
한 편의 문장 하나의 재주가
공중에 작은 각다귀와 같고

纖塵不拂五嶽將成
防末在本雖小不輕
關爾七竅閉爾六情
莫現[8]於色莫聽於聲
聞聲者聾見色者盲
一文一藝空中小蚋

---

8) 現이 송, 원나라본에는 視로 되어 있다.

하나의 기술 하나의 능력이
대낮의 등불과 같은 것이네
재능과 지혜가 있다는 사람들이
도리어 어리석은 무리여서
본래의 순박함을 버리고
겉치레에 깊이 빠져 있으니
분주히 달리는 의식의 말[馬]과
마음의 원숭이를 다스리기 어렵네
정신이 피로하면 몸은 망가지니
삿된 행은 끝내 미혹하게 하여
닦는다지만 영원히 진흙탕에 빠지네

一伎一能日下孤燈
英賢才藝是爲愚蔽
捨棄淳朴耽溺淫麗
識馬易奔心猿難制
神旣勞役形必損斃
邪行終迷修途永泥

재주 있음 귀하게 여기지 말지니
날마다 어리석음 더할 뿐이네
섣부른 자만으로 공교함을 자랑하면
그의 덕화는 넓지 못하고
명예는 두터운데 행이 얇으면
높은 지위라도 속히 무너지고
안으로 교만한 생각을 품으면
밖으로 원수를 불러들이네
혹 입으로 지껄이고 글을 써서
남의 칭찬 받아도 추한 일이니
범부들은 좋다 하나 성인에겐 허물이네

莫貴才能日益昏瞢
誇拙羨巧其德不弘
名厚行薄其高速崩
內懷憍伐外致怨憎
或談於口或書於手
邀人令譽亦孔之醜
凡謂之吉聖謂之咎

좋아서 구경함은 잠깐이나
슬프고 괴로움은 긴 시간이네
그림자와 자취를 두려워해
빨리 뛸수록 더 빨리 따라오니
나무 밑에 단정히 앉으면
자취도 그림자도 저절로 사라지네
나는〔生〕 것을 싫어하고 늙는 것을 근심하며
생각을 따르고 지은 바를 따르지만
생각이 멸하면 생사의 길 끊어지니
남도 없고 죽음도 없으며
이름도 없고 형상도 없다네

賞翫暫時悲哀長久
畏影畏迹逾遠逾極
端坐樹陰跡滅影沈
厭生患老隨思隨造
心想若滅生死長絕
不死不生無相無名

온통인 도(道)가 비고 고요하여
만물에 가지런하고 평등하니
무엇이 귀하고 무엇이 천하며
무엇이 욕되고 무엇이 영화로우며
무엇이 더 낫고 무엇이 못하며
무엇이 중하고 무엇이 가벼우랴
하늘보다 더욱 청정하고
해보다 더욱 밝으며
태산보다 더욱 안정하고
금성처럼 견고한 것을
여러분에게 주노니
이 도는 만물의 삶을 다하게 하는 덕이다

一道虛寂萬物齊平
何貴何賤何辱何榮
何勝何劣何重何輕
澄天愧淨皎日慚明
安夫岱嶺同彼金城
敬貽賢哲斯道利貞

보리달마(菩提達磨)의 약변대승입도사행론(略辨大乘入道四行論)9)10)

법사는 서역(西域) 남천축국(南天竺國)의 큰 바라문 왕의 셋째 아들이었다. 신령한 지혜가 뛰어나서 듣는 대로 모든 뜻을 밝게 깨달았으며, 크고 큰 도에다 뜻을 두었으므로 속세를 버리고 입산하여 성인의 대를 계승하여 융성하게 하였다. 비고 고요한 마음에 그윽이 합하고 세상일에도 밝게 통달하여 안팎으로 모두 밝아 덕화가 세상에 알려졌다.

변두리에서 바른 교법이 벌써 쇠퇴하는 것을 슬프게 여겨 멀리 산과 바다를 건너 중국에 이르러 교화하였다.

菩提達磨略辨大乘入道四行(弟子曇琳序)。法師者。西域南天竺國。是大婆羅門國王第三之子也。神慧疎朗聞皆曉悟。志存摩訶衍道。故捨素從緇紹隆聖種。冥心虛寂通鑒世事。內外俱明德超世表。悲悔11)邊隅正教陵替。遂能遠涉山海遊化漢魏。

---

9) 약변대승입도사행론(略辨大乘入道四行論) : 대승으로 드는 4가지 행의 길을 요약해서 말한 글.
10) 제자 담림이 서문을 쓰다. (원주)
11) 悔가 원나라본에는 誨로 되어 있다.

분별이 끊어진 선비는 모두가 귀의해 믿지 아니한 이가 없었으나, 소견이 남은 무리는 비방을 일삼았다.

이때에 혜가(慧可)와 도육(道育) 두 사문이 있었는데, 나이는 어리나 기상이 높았다. 다행히 법사를 만나 몇 해를 섬기면서 정성껏 묻고 배워 법사의 가르침을 잘 받들었다.

법사는 그 정성을 기특히 여겨 참다운 도리로 인도하여 이러-히 안심(安心)토록 하고, 이러-히 행하라 하며, 이러-히 만물에 순응하면서, 이러-히 방편을 쓰라고 했으니, 이는 대승의 마음 법에 마음을 두게 하여 착오가 없게 한 것이었다.

이러-히 안심토록 하라 하여 벽을 향해 앉아 관하게 하였고, 이러-히 행하라 하여 네 가지 수행을 하게 하였으며, 이러-히 사물에 순응하라 하여 비방을 막게 하였고, 이러-히 방편을 쓰라 하여 집착하지 않도록 하였다. 이것은 그 대략을 서술한 것이다.

忘心之士莫不歸信。存見之流乃生譏謗。於時唯有道育慧可此二沙門。年雖後生俊志高遠。幸逢法師事之數載。虔恭諮啟善蒙師意。法師感其精誠。誨以真道。令如是安心如是發行如是順物如是方便。此是大乘安心之法令無錯謬。如是安心者壁觀。如是發行者四行。如是順物者防護譏嫌。如是方便者遣其不著。此略序所由云爾。

도에 들어가는 길이 많으나 요약해서 말하건대 두 가지에 불과하니, 하나는 이치로써 들어가는 것이요, 하나는 행으로써 들어가는 것이다.

이치로써 들어간다는 것은 가르침을 빌어서 종지를 깨닫는 것이니, 모든 중생이 한결같이 참성품이어서 같다는 것을 깊이 믿는 것이다. 다만 번뇌 망상에 덮여서 드러나지 않은 것 뿐이다.

만일 허망을 버리고 참됨에 돌아가서 벽을 관함으로 올바름에 멈추면, 나라할 것도 없고 너라 할 것도 없어서 범부와 성인이 평등한 온통임에 굳건히 머물러 움직이지 않아 다시는 글이나 교리에 매이지 않는다. 이렇게 되어 곧 이치와 부합되어 분별이 없고, 고요히 이러-하여 함이 없으면 이치에 들었다고 이름한다.

행으로써 들어간다는 것은 네 가지 행을 말하니, 그 밖의 모든 행이 다 여기에 포함된다. 무엇이 네 가지 행인가?

夫入道多途。要而言之不出二種。一是理入。二是行入。理入者。謂藉教悟宗。深信含生同一真性。但為客塵妄想所覆不能顯了。若也捨妄歸真凝住壁觀。無自無他凡聖等一堅住不移。更不隨於文教。此即與理冥符無有分別。寂然無為名之理入。行入者。謂四行。其餘諸行悉入此中。何等四耶。

첫째는 원한을 갚는 행이요, 둘째는 인연을 따르는 행이요, 셋째는 구하는 바가 없는 행이요, 넷째는 법의 행을 말한 것이다.

무엇을 원한을 갚는 행이라 하는가?

도를 닦는 사람이 괴로움을 당할 때에 마땅히 스스로 생각하여 말하기를 '내가 셀 수 없이 많은 옛날부터 근본을 버리고 경계를 따라 여러 세계를 떠돌면서 많은 원수를 맺고 무수한 생명을 죽였다. 그러므로 지금 아무 범한 일도 없지만 내 전생의 나쁜 과보로 받는 것이요, 하늘이나 인간이 주는 것이 아니다. 참는 마음으로 달게 받아 아무런 원망도 말자.'라고 하였다. 경에서도 이르기를 '괴로움을 만나도 근심하지 않는 것은 알아서 달관했기 때문이다.'라고 하였다. 이런 마음을 내어 이치와 상응하여서 그 자체가 억울하더라도 도(道)를 행하면 그것이 원한을 갚는 행이다.

둘째, 무엇을 인연을 따르는 행이라 하는가?

一報冤行。二隨緣行。三無所求行。四稱法之行。云何報冤行。謂修道行人若受苦時當自念言。我從往昔無數劫中棄本從末流浪諸有。多起冤憎違害無限。今雖無犯是我宿殃惡業果熟。非天非人所能見與。甘心忍受都無冤訴。經云。逢苦不憂。何以故。識達故。此心生時與理相應。體冤進道故說言報冤行。二隨緣行者。

중생이라고 하나 '나'라는 것이 없는데, 인연의 업에 굴려 괴로움과 즐거움을 받으니 모두가 인연에서 생긴 것이다. 그러므로 설사 훌륭한 과보와 명예로운 일을 얻어도 '이는 나의 전생 인연으로 얻은 것이어서 이제 떳떳하게 얻었다 하나 인연이 다하면 도리어 없어질 것이거늘, 어찌 기뻐할 수 있으리오. 얻고 잃는 것은 인연에 따른다지만 마음은 늘고 줄어듦이 없다.'라고 생각하여, 기쁨의 훈풍에도 요동치 않아서 조용히 도에 계합하는 것을 인연을 따르는 행이라 한다.

셋째, 무엇을 구하는 바 없는 행이라 하는가?

세상 사람들은 오랫동안 미혹하여 곳곳에서 탐내고 집착하면서 명예를 구하지만, 지혜로운 이는 참됨을 깨달아 이치로써 속됨을 반전(反轉)하고, 편안한 마음으로 함이 없이 형상을 따라 운용할 뿐이다. 있는 모든 것은 공하여 원하거나 즐길 것이 없건만 공덕과 어둠이 항상 서로 쫓아 따르니, 삼계에 오래 사는 것이 마치 불타는 집에 있는 것과 같다. 몸이 있으면 모두가 괴롭거늘 어떻게 편안하랴.

衆生無我並緣業所轉。苦樂齊受皆從緣生。若得勝報榮譽等事。是我過去宿因所感今方得之。緣盡還無何喜之有得失從緣心無增減。喜風不動冥順於道。是故說言隨緣行也。三無所求行者。世人長迷處處貪著。名之為求。智者悟真理將俗反。安心無為形隨運轉。萬有斯空無所願樂。功德黑暗常相隨逐。三界久居猶如火宅。有身皆苦誰得而安。

이런 것을 깨닫고 온갖 유위를 버려 생각을 쉬면 구할 것도 없다. 경에 구함이 있으면 괴롭고 구함이 없어야 즐겁다 하셨으니, 구할 바 없음을 분명히 알아야 진실한 도행이므로 구하는 바 없는 행이라 한다.

넷째, 법의 행이라 하는 것은 성품의 본래 깨끗한 이치를 법이라 하는데, 이 이치에는 뭇 형상이 공하여 물들음도 집착도 없고 이쪽도 저쪽도 없는 것을 말한다.

경에 이르기를 "법에는 중생이라는 것이 없으니 중생이라 하는 때[垢]를 여의었기 때문이요, 법에는 '나'라는 것이 없으니 '나'라는 때를 여의었기 때문이다."라고 하였으니, 지혜로운 이가 이 이치를 믿어 알면 이것을 법의 행이라 한다.

법의 본체에는 인색함이 없어 신명(身命)이나 재물로 보시를 행함에 인색한 마음이 없다 하나, 두 가지가 '공'함을 깨달으면 기대지도 집착하지도 않는다.

了達此處故捨諸有息想無求。經云。有求皆苦無求乃樂。判知無求真爲道行。故言無所求行也。四稱法行。性淨之理目之爲法。此理眾相斯空無染無著無此無彼。經云。法無眾生。離眾生垢故。法無有我。離我垢故。智者若能信解此理。應當稱法而行。法體無慳。於身命財行檀捨施心無悋惜。達解二[12)]空不倚不著。

---

12) 二가 송, 원, 명나라본에는 三으로 되어 있다.

오직 더러움을 버리게 하는 것을 중생을 제도한다 하지만, 취할 형상이 없어서 이는 자신의 수행이자 더불어 남도 이롭게 하는 것이니 보리의 도(道)로 장엄(莊嚴)함이다.

보시의 법이 그렇고 나머지 다섯 바라밀도 그러하니, 망상을 없애기 위해 육바라밀을 수행하나 수행하는 바 없으면 이것을 법의 행이라 말한다.

但為去垢稱化眾生而不取相。此為自行。復能利他。亦能莊嚴菩提之道。檀施既爾。餘五亦然。為除妄想修行六度而無所行。是為稱法行。

하택(荷澤) 대사 현종기(顯宗記)

무념(無念)으로 종지를 삼고
지음 없음으로 근본을 삼음이여
진공(眞空)이 체(體)요, 묘유(妙有)가 용(用)일세
진여(眞如)의 무념은 분별 아닌 생각으로 능히 앎이다
실상(實相)은 남[生]이 없는 것이니
어찌 색심(色心)으로 볼 수 있으랴
무념인 생각이라야 곧 진여의 생각이요
낳음 없는 낳음이라야 곧 실상의 낳음이다

荷澤大師顯宗記。
無念爲宗無作爲本
眞空爲體妙有爲用
夫眞如無念非想念而能知
實相無生豈色心而能見
無念念者卽念眞如
無生生者卽生實相

머무름 없는 머무름이라야
항상 열반에 머무르는 것이고
행함 없는 행함이라야
바로 저 언덕이라는 것마저 초월한 것이다
이러-하고 이러-해서
움직임 없이 움직여 씀이 다함 없으니
생각생각마다 구함이 없어서
구함이라고들 하지만 본래 무념이다
깨달음에는 얻음이 없어야
오안(五眼)이 청정해져 삼신(三身)을 요달하고
반야지혜에는 알았다는 것마저 없어서
널리 사지(四智)[13]로써 육통(六通)을 운용한다

無住而住常住涅槃
無行而行卽超彼岸
如如不動動用無窮
念念無求求本無念
菩提無得淨五眼而了三身
般若無知運六通而弘四智

---

13) 사지(四智) : 삼신(三身)이 셋이 아님을 아는 지혜.

이렇게 알면 곧 선정에서 선정이라는 생각이 없고
곧 지혜에서 지혜라는 생각이 없으며
곧 행에서 행이라는 생각이 없다
성품이 허공과 같이 평등하고
근본몸이 법계(法界)와 같아
육도(六度)가 이로 인하여 원만하고
도품이 이로 인하여 모자람이 없다
이것으로 나라는 법체가 공(空)한 것이어서
유도 무도 아니라는 것을 알게 된다
마음은 본래 지음이 없고
도는 항상 무념으로 무념이라는 생각도 없어서
구함도 얻음도 없으며

是知卽定無定
卽慧無慧卽行無行
性等虛空體同法界
六度自茲圓滿
道品於是無虧
是知我法體空有無雙泯
心本無作道常無念
無念無思無求無得。

이것도 저것도 아니고 가는 것도 오는 것도 아니다
본체의 삼명(三明)[14]을 깨닫고
마음의 팔해탈(八解脫)[15]을 통달하니
공덕은 십력(十力)을 이루고
부귀로는 일곱 가지 보배가 구족하다
둘 아닌 법문에 들어 일승의 이치를 얻으니
묘한 가운데의 묘함은 곧 묘한 법신이며
자연의 이법 가운데의 자연의 이법은
금강의 지혜다

不彼不此不去不來
體悟三明心通八解
功成十力富有七珍
入不二門獲一乘理
妙中之妙即妙法身
天中之天乃金剛慧

---

14) 삼명(三明) : 숙명통, 천안통, 누진통.
15) 팔해탈(八解脫) : 번뇌의 속박에서 벗어나는 여덟가지 선정. ①내유색상관외색해탈(內有色想觀外色解脫) ②내무색상관외색해탈(內無色想觀外色解脫) ③정해탈신작증구족주(淨解脫身作證具足住) ④공무변처해탈(空無邊處解脫) ⑤식무변처해탈(識無邊處解脫) ⑥무소유처해탈(無所有處解脫) ⑦비상비비상처해탈(非想非非想處解脫) ⑧멸수상정신작증구주(滅受想定身作證具住).

가없어 이러-히 항상 고요해서 응용하나 곳이 없으니
쓰되 항상 공하고 공한 가운데 항상 쓴다
쓰나 있는 것도 아니니 그것이 진공이요
공하나 없지도 않으니 그것이 묘유를 이룬다
묘유는 곧 큰 지혜요
진공은 곧 청정한 열반이다
반야는 열반의 원인이요
열반은 반야의 결과이다
반야는 봄이 없이 능히 열반을 보고

湛然常寂應用無方
用而常空空而常用
用而不有即是眞空
空而不無便成妙有
妙有即摩訶般若
眞空即淸淨涅槃
般若是涅槃之因
涅槃是般若之果
般若無見能見涅槃

열반은 냄 없이 능히 지혜를 낸다
열반과 반야는 이름은 다르나 본체는 같으니
뜻에 따라 이름을 세운 것이다
그러므로 말하기를 법은 정한 상이 없다 한다
열반은 능히 지혜를 내니
참 부처의 법신이라 하고
지혜는 열반을 이루게 하기 때문에
여래의 지견(知見)이라 한다
지(知)란 마음이 공적함을 앎이요
견(見)이란 성품이 무생임을 봄이다

涅槃無生能生般若
涅槃般若名異體同
隨義立名故云法無定相
涅槃能生般若
即名真佛法身
般若能建涅槃
故號如來知見
知即知心空寂
見即見性無生

지견이 분명하면 같고 다른 것이 없으니
그 까닭에 움직이고 고요함에 항상 묘하고
이변(理邊)과 사변(事邊)에 모두 여여하다
여여하면 곳곳마다 통달하고
통달하면 이변과 사변에 걸림 없다
여섯 감관이 물들지 않는 것이 선정과 지혜의 공력이요
여섯 의식이 남〔生〕이 없는 것이
이러-하고 이러-한 능력이다
마음이 이러-하면 경계가 사라지고
경계가 사라지면 마음이 비워진다

知見分明不一不異
故能動寂常妙理事皆如
如卽處處能通
達卽理事無礙
六根不染卽定慧之功
六識不生卽如如之力
心如境謝境滅心空

마음이라느니 경계라느니 하는 것이 함께 없어서
본체와 씀이 다를 것이 없으면
진여의 성품이 청정하고
지혜의 거울이 다함이 없으니
마치 물에 천 개의 달이 명백한 것 같이
보고 듣고 깨닫고 안다
보고 듣고 깨닫고 아나 항상 공적(空寂)하나니
공(空)이란 형상 없음이요
적(寂)이란 생멸(生滅) 없음이어서
선과 악의 구속을 받지 않고
고요함과 어지러움에 포섭(包攝)되지 않으며

心境雙亡體用不異
真如性淨慧鑒無窮
如水分千月能見聞覺知
見聞覺知而常空寂
空即無相寂即無生
不被善惡所拘
不被靜亂所攝

생사를 싫어하지도 않고 열반을 좋아하지도 않는다
없되 없는 것이 아니고 있되 있는 것이 아니어서
다니고 멈추고 앉고 누움에 마음에 움직임이 없어
언제나 얻어서 얻은 바 없으니
삼세의 부처님들의 가르친 뜻이 이러하다
보살께서 자비를 일으켜서 차례차례 전해 주심이여!
세존께서 입멸하신 뒤에
인도에서 28조 모두 머무름 없는 마음을
똑같이 여래의 지견으로 전하시다가

不厭生死不樂涅槃

無不能無有不能有

行住坐臥心不動搖

一切時中獲無所得

三世諸佛教旨如斯

即菩薩慈悲遞相傳受

自世尊滅後

西天二十八祖共傳無住之心

同說如來知見

달마에 이르러 중국으로 오셔서 초조(初祖)가 되셨다
다시 다음다음으로 전하여 지금껏 끊이지 않았는데
비밀한 교법을 반드시 깨달은 이에게 전하기를
마치 왕의 옥새를 아무에게나 전하지 않는 것 같이 했으니
복덕과 지혜의 두 가지로 장엄함은
행과 아는 것이 마주 어울려야 비로소 건립할 수 있다
옷은 법의 신표요, 법은 옷의 종지라고 해서
옷과 법을 전했다 하나 다시 특별한 법이 없으니
안으로 심인을 전하여 심인이 본심에 계합한 바를
겉으로 가사로써 전하여 종지를 표시했을 뿐이다

至於達磨屆此為初
遞代相承於今不絕
所傳祕教要藉得人
如王髻珠終不妄與
福德智慧二種莊嚴
行解相應方能建立
衣為法信法是衣宗
唯指衣法相傳更無別法
內傳心印印契本心
外傳袈裟將表宗旨

옷이 아니면 법을 전하지 아니하고
법이 아니면 옷을 받지 못했었다
옷은 법을 표시하는 옷이요,
법은 남〔生〕이 없는 법이니
남이 없으면 허망도 없어
그것이 바로 공적한 마음이라
공적의 앎이 법신의 깨달음이고
법신의 깨달음이 참다운 해탈이니라

非衣不傳於法
非法不受於衣
衣是法信之衣
法是無生之法
無生即無虛妄
乃是空寂之心
知空寂而了法身
了法身而真解脫

남악(南嶽) 석두(石頭) 화상의 참동계(參同契)

석가모니 부처님의 이러-한 마음을
동서에서 비밀히 전하고 받으니
사람의 근기에는 둔하고 영리함이 있으나
도에는 남쪽 조사 북쪽 조사 없다네
신령한 근원은 밝고도 깨끗한데
곁가지로 파생되어 어둠으로 흐르네
사변에 집착하면 근원을 미혹하고

南嶽石頭和尚參同契。
竺土大僊心
東西密相付
人根有利鈍
道無南北祖
靈源明皎潔
枝派暗流注
執事元是迷

이변에 계합됐다 해도 깨달음은 아니로세
일체 종파에서 경계를 대할 때
돌이킨 것인가, 돌이키지 않은 것인가?
돌이켰다 하면 더욱 간섭하는것이요
돌이키지 않았다 해도 역시 본 지위에 머뭄이네
색(色)엔 본래 물질 형상 끊어졌고
소리는 원래 고락(苦樂)과 같지 않다
상, 중의 근기가 이 말에 부합하면
구절의 맑고 흐림 명백할 것일세

契理亦非悟
門門一切境
迴互不迴互
迴而更相涉
不爾依位住
色本殊質象
聲元異樂苦
暗合上中言
明明清濁句

사대의 성품을 스스로 회복하면
자식이 어미를 만난 것 같으리라
불길은 뜨겁고 바람은 움직이며
물은 축축하고 땅은 견고하네
눈에는 빛이고 귀에는 음성이며
코에는 냄새이고 혀에는 맛이네
이러-해서 하나하나 오직 법을 의지함은
뿌리에 의지해서 잎 퍼지듯 한 바여서
처음과 끝 모두 다 근원으로 돌아가니

四大性自復
如子得其母
火熱風動搖
水濕地堅固
眼色耳音聲
鼻香舌鹹醋
然依一一法
依根葉分布
本末須歸宗

존귀하고 비천함을 말한 것도 방편일세
환히 밝은 가운데 어두움을 당해도
어두움을 만났다는 생각이 없으며
어두움 가운데 밝음을 당해도
밝음을 보았다는 생각이 없어서
밝음과 어두움을 대한다 하지만
그건 마치 앞뒤의 걸음과 같다네
만물은 제각기의 공덕으로 있으니
그 작용이 곳마다 미침을 말하자면

尊卑用其語
當明中有暗
勿以暗相遇
當暗中有明
勿以明相覩
明暗各相對
比如前後步
萬物自有功
當言用及處

사변에 있어서는 상자 뚜껑 서로 맞듯
이변에 있어서는 활과 화살로 떠받치듯
이 말 듣고 반드시 종지를 알지언정
멋대로 법규를 세우지 말지어다
눈으로 본다면 도(道)를 알지 못함이여
발로 옮긴다면 어찌 길을 안다 하랴
나아간다 하지만 멀고 가까움이 없는데
미혹하여 산하처럼 굳게 막혀 있구나
현묘함을 배우는 이에게 말하노니
세월을 헛되이 보내지 말지어다

事存函蓋合
理應箭鋒拄
承言須會宗
勿自立規矩
觸目不會道
運足焉知路
進步非近遠
迷隔山河固
謹白參玄人
光陰莫虛度

오대산(五臺山) 진국(鎭國) 대사 징관(澄觀)께서 황태자가 심요(心要)를 물음에 답하다

지극한 도의 근본을 마음이라 하고
마음의 법 근본은 머묾 없음일세
머묾 없는 마음은 영지의 몸이요
매하지 않는 성품의 바탕이라
온통 빔의 이러-하고 이러-함일세
공덕의 씀 머금어 안팎 두루 꾸리고
능히 넓고 깊으나 공(空)도 유(有)도 아니어서

五臺山鎭國大師澄觀答皇太子問心要。
至道本乎其心
心法本乎無住
無住心體靈知
不昧性相寂然
包含德用該攝內外
能深能廣非有非空

남 없고 멸함 없어 시작도 끝도 없네
구하려고 하여도 얻을 수 없으며
버리려고 하여도 여읠 수 없다네
현량(現量)16)에 미혹되면 분주히 괴롭고
참 성품 깨달으면 사무쳐 비고 밝네
비록 마음 그대로 부처라고 하지만
증득한 이라야 비로소 안다네
그러나 증득하여 알았다함 있으면
지혜의 해〔日〕유위 바탕에 깊이깊이 빠진다네

不生不滅無終無始
求之而不得
棄之而不離
迷現量則感苦紛然
悟眞性則空明廓徹
雖卽心卽佛
唯證者方知
然有證有知
則慧日沈沒於有地

---

16) 현량(現量) : 생각이나 분별로써가 아닌 눈에 보이는 그대로의 것.

비춘다 깨달았다 하는 생각 없어야
어둔 구름 공문(空門)에서 걷힌 것이네
한 생각도 남 없으면 앞뒤 한계 끊어지고
본체 홀로 우뚝이 물아(物我)가 모두 이러-함일세
곧은 마음 근원에서 지음에는
알 것도 없으며 얻을 것도 없다네
취할 것도 없고 버릴 것도 없으며
대할 것도 없고 닦을 것도 없다네
그러나 미혹과 깨달음에 의지하고
참됨과 거짓으로 마주하여 상대하며

若無照無悟
則昏雲掩蔽於空門
若一念不生則前後際斷
照體獨立物我皆如
直造心源無知無得
不取不捨無對無修
然迷悟更依眞妄相待

참됨을 구하고 망령됨을 버리려고 한다면
그림자를 버리려고 애쓰는 것과 같고
만약 망령됨이 곧 진임을 체득하면
그늘 속에 있어서 그림자가 없듯 하네
무심으로 비춘다는 것마저 다하면
만 가지 생각이 모두 다 사라지고
온통 빔의 앎에 맡겨 운용하여
곧 모든 행을 일으키니
가고 머뭄에 맡기어 거리낌이 없네

若求眞去妄

猶棄影勞形

若體妄卽眞

似處陰影滅

若無心忘照

則萬慮都捐

若任運寂知

則眾行爰起

放曠任其去住

바르게 비추어 지각함이 근원에서 나옴이라
말하거나 잠잠함에 현묘함을 잃지 않고
움직이고 고요함에 법계를 여읨 없네
지(止)란 곧 쌍망(雙亡)인 앎의 온통 빔이고
관(觀)이란 것도 곧 쌍조(雙照)인 온통 빔의 앎일세
증득한 것 말하여 보일 수는 없으나
진리를 말하려면 증득해야 한다네
깨달으면 고요하나 고요함도 없어서
참으로 알아서는 알았다는 것도 없네

靜鑒覺其源流
語默不失玄微
動靜未離法界
言止則雙亡知寂
論觀則雙照寂知
語證則不可示人
說理則非證不了
是以悟寂無寂眞知無知

앎의 온통이어서 둘 아닌 온통인 마음으로
공과 유가 원융한 중도에 계합하면
머무를 것도 없고 집착할 것도 없으니
잡으려고도 말며 거두려고도 말라
옳고 그름 다 없고 능과 소 모두 없어
끊겼다는 것마저 끊어져 고요하면
곧바로 반야지혜 나타나리니
반야는 맘 밖에서 새로 생긴 것이 아니니
성품의 지혜에 본래에 갖춘 것이네
본래의 고요함은 스스로 못 나투고

以知寂不二之一心
契空有雙融之中道
無住無著莫攝莫收
是非兩亡能所雙絕
斯絕亦寂則般若現前
般若非心外新生
智性乃本來具足
然本寂不能自現

참으로 반야의 공력으로만이 드러나니
반야와 성품의 지혜 서로 뒤집어 이뤄지네
근본과 지혜는 실로 수행으로 비롯한 것도 두 몸도 아니니
쌍으로 없음에 바로 들면 묘각이 두렷이 밝네
시작과 마침이 모두 다 원융하고
원인과 결과가 사무쳐 어울려서
마음이란 마음마다 부처를 짓게 되니
한 마음도 부처마음 아닌 것이 없으며
곳이라는 곳마다 참 도를 이루어서

實由般若之功
般若之與智性翻覆相成
本智之與始修實無兩體
雙亡正入則妙覺圓明
始末該融則因果交徹
心心作佛
無一心而非佛心
處處成道

티끌 하나 불국토 아님이 없다네
그러므로 참과 거짓, 물건과 '나'라 함이
하나를 들 때에 온전히 거두어져
마음과 부처와 중생이라 하는 것이
혼연하여 일체되어 이루어져 있다네
이 앎을 미혹하여 사람이 법 따르니
법이란 법 일만 차별 사람마다 같지 않으나
깨달으면 도리어 법이 사람 따르니
사람마다 온통인 지혜로 일만 경계에 원융하네
말이란 것 다하고 생각마저 끊겼는데
무엇이 결과이고 무엇이 원인이며

無一塵而非佛國
故眞妄物我擧一全收
心佛眾生渾然齊致
是知迷則人隨於法
法法萬差而人不同
悟則法隨於人
人人一智而融萬境
言窮慮絕何果何因

본체가 본래부터 텅 비어 고요한데
어느 쪽이 같으며 어느 쪽이 다르랴
오로지 생각 잊어 비고도 밝아
쉬었다 함마저 없어 비어 원융하면
마치 물속을 통과하는 달빛과 같아서
비었으나 능히 다 볼 수가 있으니
무심으로 비추면 항상 공이로세

體本寂寥孰同孰異
唯忘懷虛朗消息沖融
其猶透水月華虛而可見
無心鑑象照而常空矣

항주(杭州) 오운(五雲) 화상의 좌선잠(坐禪箴)

앉는 것은 몸 구속함 아니요
선(禪)이란 이르는 경계 아니다
구속하면 반드시 피로하고
이르는 것은 고요한 것 아니네
이르는 것도 구속함도 아니라야
참 광채가 휘영청 밝으니
여섯 문에 가지런히 응하여
만 가지 행 다 같이 이루네
애석하다 처음 배운 무리는
현묘함을 깨닫지 못하여

杭州五雲和尙坐禪箴。
坐不拘身禪非涉境
拘必乃疲涉則非靜
不涉不拘真光逈孤
六門齊應萬行同敷
嗟爾初機未達玄微

혼침이나 산란에 빠지고
능과 소로 이리저리 헤매니
공교한 방편이 아니라면
어떻게 대하여 다스리오
채찍질로 억누르는 것으로
혼침 산란 조절하려 하거나
생각 쉬고 반연을 없앤다고
죽은 이와 동일하게 하여서야
열고 닫음 알맞게 하여야지
벽관만을 오로지 하여서야[17]

處沈隨掉能所支離
不有權巧胡為對治
驅策抑按均調惛亂
息慮忘緣乍同死漢
隨宜合開靡專壁觀(達磨大師正付法眼外。委示初機修心之要。啟四門四行。匪專一也)

---

17) 달마 대사는 정법안장을 부촉한 이외에, 또 초심자들에게 마음을 닦는 요지를 가르쳐 주었다. 4문과 4행을 일깨워 주었으니 오직 전일하게 면벽만 하라는 것이 아니다. (원주)

망상이 들끓듯이 많으면
수식관법 하는 것도 좋으리라[18]
흐름 따라 검각[19]에 이르러
목아[20]에 걸리지 않으면
화재에 물 얻은 것 같으며
병에 의원 만나는 것 같으리니
병 고치면 의원이 필요 없고
불 꺼지면 물 버리게 된다네
한 생각에 그대로 청정하면
본체가 고요하고 신령하나

馳想頗多安邪鉢邪(或掉擧猛利及惛住等。宜易觀修於數息。或出或入不得交互)
沿流劍閣無滯木鵝
如火得水如病得醫
病瘳醫罷火滅水傾
一念淸淨體寂常靈

---

18) 혼침하거나 흔들려 산란함을 다스릴 때는 호흡 세는 관법 수행을 하는 것도 좋다. 혹은 들이키는 숨 혹은 내뱉는 숨을 셀 수는 있으나 두 가지를 다 세지 말아야 한다. (원주)
19) 검각(劍閣) : 과거 중국의 군사 요충지. 뚫고 가기 험난하기로 유명하였다.
20) 목아(木鵝) : 옛날 성(城)을 공격하여 함락시키는 도구.

고요하다 신령하다 하거나
고요함도 신령함도 아니라 하면
시비가 벌떼같이 일어나
허물이 끝이 없게 되어서
앞에서 멸하자 뒤의 것 일어남이
도리어 걸음 걷듯 되리라
모르면 근심이 되겠지만
안다면 허물이랄 것도 없다
해는 밤을 등짐으로 비롯되고
거울이야 어찌 뒤를 비치랴만
이 법은 그렇지 않아서
두루 밝아 꿰뚫어 통한다

是靈是寂非靈非寂
是非迭生犯過無極
前滅後興還如步走
患乎不知知則無咎
日由背夜鏡奚照後
此則不然圓明通透

비치되 반연함이 없는데
고요함을 그 누가 고집하랴
만상이 뜬 거품 같으며
허공도 번갯불 같다네
마의 궁전 무찔러 버리고
부처님 궁전도 쓸어버려
앉은뱅이 비로소 걷게 되고
소경이 두 눈을 뜬 것처럼
티끌세계가 그대로 법계라
가지런히 단박에 드러났네
거리와 저자로 쏘다니며
앉기도 자기도 하나니

照而不緣寂而誰守
萬象瀛漚太虛閃電
摧壞魔宮衝倒佛殿
跛者得履瞽者發見
法界塵寰齊輪頓現
曠蕩郊廛或坐或眠

방편에 이미 다 밝으면
이것을 금선(金仙)이라 부른다네
내가 비록 부득이 말했으나
성인의 말씀에 부합되니
성인의 말씀이란 무엇인가
거듭 크게 베풀기를 원한다면
움직임도 좌선도 아니니
그것이 무생(無生)의 선(禪)이라네

또 말하기를

既明方便乃號金仙
吾雖強說爰符聖言
聖言何也要假重宣
不動不禪是無生禪
又云

온갖 삼매 배우는 것이라면
움직임이지 좌선은 아니니
마음이 경계 따라 흐른다면
그 어찌 선정이라 하겠는가
그러므로 역대의 조사께서
오직 온통인 마음만을 전하셨네
조사 광채 영원히 밝으리니
자손들이 감당하길 바라노라
말없는 종지를 서술하여
이에 좌선잠이라 부르노라

若學諸三昧
是動非坐禪
心隨境界流
云何名爲定
故知歷代祖
唯傳此一心
祖光旣遠大
吾子幸堪任
聊述無言旨
乃曰坐禪箴

영가(永嘉) 진각(眞覺) 대사의 증도가(證道歌)

그대 보지 못했던가
배울 것도, 함도 없는 한가한 도인은
없앨 망상 없으며 구할 참됨 없다네
무명의 참 성품, 그대로가 불성이요
화현한 빈 몸인 환, 그대로가 법신일세
법신을 깨달아 한 물건도 없으니
본래 자성 근원이 천진한 부처로세
오음의 뜬 구름, 오고 감이 공하여

永嘉眞覺大師證道歌。
君不見
絕學無爲閑道人
不除妄想不求眞
無明實性卽佛性
幻化空身卽法身
法身覺了無一物
本源自性天眞佛
五陰浮雲空去來

삼독도 물거품, 출몰이란 헛말일세
실상을 증득하여 인(人)도 법(法)도 없으니
찰나에 아비지옥 업이란 것 없다네
만약에 중생을 속이는 말이라면
진사겁의 발설지옥 과보를 부르리라
여래선을 단박에 깨달아 분명하니
육도만행 본체 속에 이러-히 원만하네
꿈속에선 분명히 육취(六趣)[21]가 있더니
깨친 후엔 공(空)도 공(空)해 대천도 흔적 없네

三毒水泡虛出沒
證實相無人法
刹那滅却阿鼻業
若將妄語誑眾生
自招拔舌塵沙劫
頓覺了如來禪
六度萬行體中圓
夢裏明明有六趣
覺後空空無大千

---

21) 육취(六趣) : 중생의 업인(業因)의 차별에 따라 향하는 여섯 곳. 육도(六道)라고도 한다.

죄, 복이 없으며 손익도 없으니
적멸한 성품 속에 묻고 찾지 말라
전에는 때 낀 거울 미처 갈지 못했는데
오늘에야 분명하고 분명히 닦아 냈네
그 누가 무념(無念)이니 무생(無生)이니 하는가
진실로 남[生] 없으면 남[生] 없음도 없다네
목인(木人)을 불러서 그에게 물어보게
부처로서 공(功) 베풂을 조만간 이루리라
사대를 놓아버려 붙잡지 말 것이며
적멸한 성품에서 먹고 영위할 진저

無罪福無損益
寂滅性中莫問覓
比來塵境未曾磨
今日分明須剖析
誰無念誰無生
若實無生無不生
喚取機關木人問
求佛施功早晚成
放四大莫把捉
寂滅性中隨飮啄

무상하단 모든 행과 공하다는 일체가
이러-한 여래의 대원각(大圓覺)이로세
분명한 말씀이요 참 드러낸 법이건만
어떤 사람 긍정 않고 정을 따라 헤아리네
근원에서 끊어야 부처님 인가하니
잎 따고 가지 찾음 내 할 일 아니로세
사람들 마니주를 알지도 못 하누나
여래장 속 스스로 거두고 드러냄을
여섯 가지 신통묘용, 공하면서 공 아니요
한 덩이 둥근 빛, 색이면서 색 아닐세

諸行無常一切空
即是如來大圓覺
決定說表真乘
有人不肯任情徵
直截根源佛所印
摘葉尋枝我不能
摩尼珠人不識
如來藏裏親收得
六般神用空不空
一顆圓光色非色

오안(五眼)[22)]을 깨끗이 해 오력(五力)[23)]을 얻음은
증득해야 알 것이요 헤아려선 어렵네
거울 속의 형상 보긴 어렵지 않으나
물속의 달 잡겠다니 어떻게 잡을 건가
항상 홀로 다니고 항상 홀로 걸음이여
통달하신 분들의 열반길 노닒일세

淨五眼得五力
唯證乃知誰可測
鏡裏看形見不難
水中捉月爭拈得
常獨行常獨步
達者同遊涅槃路

---

22) 오안(五眼) : 육안(肉眼), 천안(天眼), 혜안(慧眼), 법안(法眼), 불안(佛眼)으로 체성에 본래 구족한 능력이나 업을 다한 불지에 이르러야 완전히 실현된다. 부처님의 오안은 자성의 전능한 능력의 여러 측면이다. 육안은 모든 중생이 자성의 본유한 능력으로 업을 지어 나툰 모든 것을 보는 능력이다. 천안은 중생세계와 불세계까지도 꿰뚫어 보는 능력이다. 혜안은 모양이 있거나 모양이 없는 것까지 꿰뚫어 보는 능력이다. 법안은 이러한 모든 이치를 아는 능력이다. 불안은 이러한 모든 능력을 이루고도 이루었다는 생각마저 없는 무위의 경지의 함이다.
23) 오력(五力) : 정력(定力), 통력(通力), 차식력(借識力), 대원력(大願力), 법위덕력(法威德力). 정력은 일체 선정의 힘이고, 통력은 일체 신통의 힘이며, 차식력은 오식으로가 아니라 통력으로 자유롭게 오식을 일으킬 수 있는 힘이고, 대원력은 불보살의 대서원력(大誓願力)이며, 법위덕력은 불법의 위덕력이다.

옛 곡조 현묘하고 맑은 가풍 드높건만
앙상한 몸 마른 뼈라 방문들 하지 않네
궁색한 불제자의 가난이라 말하지만
몸은 실로 가난해도 도인에겐 가난 없네
몸에 항상 누더기라 가난하다 하지만
도라는 값칠 수 없는 보배 간직했네
값칠 수 없는 보배 쓰고 써도 다함없어
때에 따라 중생에게 이익 주어 다함없네
삼신과 사지(四智)가 본체에 원만하고
팔해탈, 육신통도 심지(心地)에 드러났네

調古神淸風自高
貌悴骨剛人不顧
窮釋子口稱貧
實是身貧道不貧
貧則身常披縷褐
道卽心藏無價珍
無價珍用無盡
利物應時終不吝
三身四智體中圓
八解六通心地印

상근기의 한 번 결단 일체를 마치건만
중하근기 들을수록 더욱더 믿지 않네
스스로 마음의 때 묻은 옷 벗었을 뿐
그 누가 밖을 향한 정진을 자랑하랴
남들이 비방하건 비난하건 맡겨두니
불로 하늘 태우듯 자신만 피로하리
나는 오직 감로수를 마시듯 들으니
단박 녹아 부사의 해탈경에 든다네
나쁜 말도 관조하면 그것이 곧 공덕 되니
오히려 나에게는 선지식이 된다네

上士一決一切了
中下多聞多不信
但自懷中解垢衣
誰能向外誇精進
從他謗任他非
把火燒天徒自疲
我聞恰似飮甘露
銷融頓入不思議
觀惡言是功德
此則成吾善知識

비방 따라 원망 친함 일으키지 않거늘
무생의 자비인욕 나타낸들 무엇하리
종취에도 통하고 설법에도 통함이여
선정 지혜 밝아서 공에도 머묾 없네
나만이 지금에야 통달한 것 아니니
수많은 부처님 본체는 모두 같네
두려움 없으신 사자후의 설법이여
뭇 짐승들 들으면 모두 뇌가 찢어지네
코끼리는 분주하게 달려서 위엄 잃고
천룡은 조용히 듣는 데서 희열 내네

不因訕謗起怨親
何表無生慈忍力
宗亦通說亦通
定慧圓明不滯空
非但我今獨達了
河沙諸佛體皆同
獅子吼無畏說
百獸聞之皆腦裂
香象奔波失却威
天龍寂聽生欣悅

강과 바다 노닐고 산령 개울 건너서
스승 찾아 도를 물음 선도리를 구함이니
조계의 길 깨달아 알고 난 뒤에는
생사와 상관없음 분명히 알았다네
다님도 선이요 앉음도 선이니
어묵동정 모든 곳이 본체라 편안하네
창, 칼을 만나도 언제나 태연하고
독약을 마셔도 한가롭고 한가롭네
우리 스승 연등불을 뵙고 난 연후에
여러 겁이 지나도록 인욕선인 되셨네

遊江海涉山川
尋師訪道爲參禪
自從認得曹谿路
了知生死不相干
行亦禪坐亦禪
語默動靜體安然
縱遇鋒刀常坦坦
假饒毒藥也閑閑
我師得見然燈佛
多劫曾爲忍辱仙

몇 번을 태어나고 몇 번이나 죽었던가
생사가 아득히 그침이 없었구려
단박에 깨쳐서 남 없음을 요달하니
그 어찌 영욕에 근심하고 기뻐하랴
깊은 산에 들어가 선실에서 삶이여
산 높고 그윽한 낙락장송 아래로세
한가히 노닐며 조용히 앉았으니
고요한 안거여서 참으로 깨끗하네
깨쳐서 밝을 뿐 공 베풂도 아니니
그 모든 유위의 법들과 같지 않네

幾迴生幾迴死

生死悠悠無定止

自從頓悟了無生

於諸榮辱何憂喜

入深山住蘭若

岑崟幽邃長松下

優遊靜坐野僧家

闃寂安居實瀟灑

覺即了不施功

一切有爲法不同

상에 머문 보시는 천상에 난다 해도
허공에 화살을 쏘는 것과 같아서
힘이 다해 화살이 허공에서 떨어지듯
내생에 뜻과 다른 과보를 부르리니
어떻게 함이 없는 실상의 문을 통해
여래지에 한 번 뛰어 들어감과 같으리
근본을 얻으면 마지막 일 걱정 말게
맑은 유리, 보배달을 머금은 것과 같네
이미 이 여의주의 능력을 알았으면
나와 남을 이롭게 해 다함이 없게 하게

住相布施生天福
猶如仰箭射虛空
勢力盡箭還墜
招得來生不如意
爭似無爲實相門
一超直入如來地
但得本莫愁末
如淨瑠璃含寶月
既能解此如意珠
自利利他終不竭

강에 달 비치고 소나무엔 바람일세
긴 밤 맑게 개인 듯함 무슨 할 일 있을 건가
불성의 계주(戒珠)란 마음과 행 일치한 것
안개, 이슬, 구름, 노을 몸 위의 옷이랄까
용 항복 받은 발우, 범 싸움 말린 석장
양쪽의 쇠고리 소리에 분명하네
헛되이 겉치레로 짚고 다님 아니니
부처 보배 지팡이를 본받은 것이라네
참됨도 구함 없고 망령됨도 끊음 없어
두 법 모두 공하여 상 없음을 알 뿐일세

江月照松風吹
永夜淸宵何所爲
佛性戒珠心地印
霧露雲霞體上衣
降龍鉢解虎錫
兩股金鐶鳴歷歷
不是標形虛事持
如來寶杖親蹤跡
不求眞不斷妄
了知二法空無相

상 없고 공도 없어 공아님도 없음이여
이것이 곧 여래의 진실한 모습이네
마음거울 밝게 비쳐 걸림이 없어서
가없이 이러-히 항하세계 두루하네
삼라만상 모든 것은 이 속의 덕 나툰 바라
두렷한 밝음일 뿐 안과 밖이 없다네
넓고 넓어 공하다고 인과를 없다 하면
아득하고 끝없는 앙화를 부를 걸세
있음 버려 공에 집착, 병이기는 매일반
물을 피해 도리어 불속에 든 것 같네

無相無空無不空
即是如來真實相
心鏡明鑒無礙
廓然瑩徹周沙界
萬象森羅影現中
一顆圓明非內外
豁達空撥因果
漭漭蕩蕩招殃禍
棄有著空病亦然
還如避溺而投火

망심을 버리고 진리를 취하려는
취사의 마음이 묘한 거짓 이룬다네
배우는 사람이 모르고서 수행하니
참으로 도적을 아들 삼는 짓이로세
법의 능력 해치고 그 공덕을 멸하게 함
심(心), 의(意), 식(識)을 말미암지 않은 것이 없다네
그러므로 선문에선 분별심을 버리고
무생지견 힘으로 단박에 들라했네
대장부가 지혜의 칼 잡고서 휘두르니
반야의 칼날이요 금강의 불꽃일세

捨妄心取眞理
取捨之心成巧僞
學人不了用修行
眞成認賊將爲子
損法財滅功德
莫不由斯心意識
是以禪門了却心
頓入無生智見力
大丈夫秉慧劍
般若鋒兮金剛焰

외도의 마음을 꺾었을 뿐 아니라
천마의 간담까지 떨어뜨려 버렸네
법의 우레 진동하고 법고를 침이여
자비의 구름 펴고 감로수를 뿌림일세
용 코끼리 밟고 찬 은혜 입음 끝없어서
삼승과 오성이 모두 다 깨달았네
설산의 비니초가 다시는 잡됨 없듯
순수한 제호 내어 나 항상 베푼다네
한 성품이 두렷하게 뭇 성품에 사무치고
한 법이 두루하여 모든 법을 머금었네

非但能摧外道心
早曾落却天魔膽
震法雷擊法鼓
布慈雲兮灑甘露
龍象蹴踏潤無邊
三乘五性皆惺悟
雪山肥膩更無雜
純出醍醐我常納
一性圓通一切性
一法遍含一切法

한 달이 모든 물에 두루두루 나타나고
물속의 모든 달이 한 달에 매였듯이
모든 부처 법신이 내 성품에 들어오고
내 성품이 여래와 모두 함께 누리네
한 바탕에 모든 바탕 전부 다 갖췄으나
색상도 마음도 행업도 아니로세
손가락 튕긴 사이 팔만법문 이루니
그 찰나에 삼아승지 겁이란 것 없다네
수효니 글귀니 한다면 등짐인데
신령한 깨침에 교섭 있다 분별하랴

一月普現一切水
一切水月一月攝
諸佛法身入我性
我性還共如來合
一地具足一切地
非色非心非行業
彈指圓成八萬門
刹那滅却阿鼻業
一切數句非數句
與吾靈覺何交涉

훼방도 할 수 없고 칭찬도 할 수 없어
본체는 허공 같아 한계가 없다네
본자리를 여의잖고 가없이 이러-하여
깨달아선 깨달았다 함마저 없음 알리
취하거나 버려서 얻은 것이 아니니
얻음도 없는 데서 얻었다 할 뿐일세
말없이 말함이요, 말함이 말없음이면
큰 보시문 열어서 막힘없다 한다네
나에게 무슨 종취 아느냐고 물으면
마하반야 힘이라고 대답해 줄 것일세

不可毀不可讚

體若虛空勿涯岸

不離當處常湛然

覓則知君不可見

取不得捨不得

不可得中只麼得

默時說說時默

大施門開無壅塞

有人問我解何宗

報道摩訶般若力

때에 따라 옳다거나 그르다고 함이여
그 역행 그 순행은 하늘도 모른다네
내 일찍이 많은 겁을 수행하여 왔으니
부질없이 속여서 미혹케 함 아니로세
법의 깃발 세우고 종지를 일으켜서
밝고 밝은 부처님 법, 육조 바로 베푸셨네
첫 번째로 가섭이 법의 등불 전하여
인도에서 이십팔대 이어져 내려 왔네
불법이 동쪽으로 흘러서 들어옴에
보리달마 첫 번째 조사가 되셨다네

或是或非人不識
逆行順行天莫測
吾早曾經多劫修
不是等閑相誑惑
建法幢立宗旨
明明佛勅曹谿是
第一迦葉首傳燈
二十八代西天記
法東流入此土
菩提達磨為初祖

육대로 옷 전한 일 천하에 소문나서
나중에 도 얻은 자 셀 수가 없다네
참됨도 못 서고 망도 본래 공함이여
있고 없음 다 버리니 공한 것도 아니로세
이십의 공문(空門)[24]에도 집착할 것이 없어
한 성품이 여래의 본체와 같다네
마음은 뿌리요 법은 티끌이라 하나
둘이라고 한다면 거울 위의 흔적일세

六代傳衣天下聞
後人得道無[25]窮數
眞不立妄本空
有無俱遣不空空
二十空門元不著
一性如來體自[26]同
心是根法是塵
兩種猶如鏡上痕

---

24) 이십의 공문(空門) : 내공(內空), 외공(外空), 내외공(內外空), 공공(空空), 대공(大空), 소공(小空), 승의공(勝義空), 유위공(有爲空), 무위공(無爲空), 필경공(畢竟空), 무제공(無際空), 산공(散空), 무변이공(無邊異空), 본성공(本性空), 자상공(自相空), 공상공(共相空), 일체법공(一切法空), 불가득공(不可得空), 무성공(無性空), 자성공(自性空)을 말한다.
25) 無가 송, 원나라본에는 何로 되어 있다.
26) 自가 원나라본에는 共으로 되어 있다.

티끌 흔적 다해야 비로소 빛 나타나니
맘도 법도 못서는 참다운 성품일세
세태가 사나워져 말법을 탄식하니
중생의 복 엷어져 조복받기 어렵다네
성인 간 지 오래되어 사견이 깊어지니
마구니는 강해지고 법 약해져 해침 많네
여래의 돈교법문 설함을 듣고도
부수지 못함을 한탄하고 한탄하네
마음으로 지으나 몸으로 받나니
모름지기 사람들아 원망하고 비난 말라

痕垢盡除光始現
心法雙亡性即眞
嗟末法惡時世
眾生福薄難調制
去聖遠兮邪見深
魔強法弱多怨害
聞說如來頓教門
恨不滅除令瓦碎
作在心殃在身
不須怨訴更尤人

무간지옥 업보를 부르지 않으려면
여래의 바른 법을 비방하지 말아라
전단향 숲에는 잡나무가 없어서
울창하고 그윽하여 사자만이 머무네
한적한 숲 고요함을 스스로 즐김이여
길짐승 새 같은 잡된 생각 흔적없어
사자 새끼 무리만이 뒤따라 다니며
세 살부터 뛰어난 부르짖음 한다네
여우가 법왕을 흉내 내려 하는 것은
백년 묵은 요괴가 헛되이 입 엶일세

欲得不招無間業
莫謗如來正法輪
栴檀林無雜樹
欝密深沈獅子住
境靜林閑獨自遊
走獸飛禽皆遠去
獅子兒眾隨後
三歲即能大哮吼
若是野干逐法王
百年妖怪虛開口

원돈교(圓頓敎)[27]의 가르침은 사람의 정 아닌데
의심 있어 결정 못해 다툼에 머무네
산승이 인아상(人我相)을 드러낸 것 아니요
수행하다 단상(斷常)[28]에 떨어질까 해서라네
옳으니 그르니 왈가왈부 함이여
털끝만큼 어긋나면 천 리나 멀어지리
옳은 즉 용녀가 단박에 성불한 그 도리며[29]

圓頓敎勿人情
有疑不決直須爭
不是山僧逞人我
修行恐落斷常坑
非不非是不是
差之毫釐失千里
是即龍女頓成佛

---

27) 원돈교(圓頓敎) : 모든 법이 본래 원융한 까닭에 한 법이 일체 법을 원만하게 하니, 한 생각에 크게 깨달은 불과(佛果)를 원돈이라 한다.
28) 단상(斷常) : 외도의 두 견해인 단견(斷見)과 상견(常見).
29) 사리불이 용녀에게 여자의 몸이기에 성불할 수 없다 하자, 용녀가 그 자리에서 곧 남자로 변신하여 보살행을 갖추고 성불하여 묘법을 설하였다.

그르치면 선성이 생암지옥 한 것일세[30]
나는 어린 그때부터 학문을 쌓아서
일찍이 주소(註疏) 보고 경론을 살피며
이름과 모양을 분별하길 쉴 줄 몰라
바닷속 모래 헤듯 헛되이 피곤했네
아주 호된 여래의 꾸짖는 말씀이여
남의 보배 세어서 무슨 이익 있냐 했네
예전의 것 허망한 수행임을 알고 보니
여러 해를 잘못된 풍진객 노릇했네

非即善星生陷墜
吾早年來積學問
亦曾討疏尋經論
分別名相不知休
入海算沙徒自困
却被如來苦訶責
數他珍寶有何益
從來蹭蹬覺虛行
多年枉作風塵客

---

30) 선성이 욕계의 번뇌를 끊어 진열반을 얻었으나, 악한 벗을 가까이 하여 인과가 없다는 사견을 일으키고, 부처님을 향한 사악한 마음을 일으켜 산 채로 아비지옥에 떨어져 버렸다.

성품에 심어진 삿됨으로 잘못 알아
여래의 원돈제(圓頓制)를 통달 못한 것이로세
이승은 정진하나 마음에 도가 없고
외도는 총명해도 지혜가 없다네
어리석어 작은 것에 크게도 놀라면서
빈 주먹 손가락 위 실답다는 견해 내네
손가락을 달이라고 집착하여 공부하니
육근(六根)[31], 육경(六境)[32] 소굴 속에 괴이한 짓 하는 걸세

種性邪錯知解
不達如來圓頓制
二乘精進勿[33]道心
外道聰明無智慧
亦愚癡亦小騃
空拳指上生實解
執指為月枉施功
根境法中虛捏怪

---

31) 육근(六根) : 안(眼), 이(耳), 비(鼻), 설(舌), 신(身), 의(意).
32) 육경(六境) : 색(色), 성(聲), 향(香), 미(味), 촉(觸), 법(法).
33) 勿이 원나라본에는 沒로 되어 있다.

한 법도 따로 봄이 없어야 여래이니
바야흐로 이름하여 관자재(觀自在)라 부르네
깨달으면 업장이 본래에 공하지만
마치지 못하면 묵은 빚 갚으리라
굶다가 임금 수라 만나도 못 먹는 이
병들어 의왕을 만난들 나을 손가
욕망 속에 산다 하나 선 수행한 힘 있다면
불속에 연꽃 피어 영원할 것이로세
용시비구 죄 짓고도 남이 없는 법 깨닫고
본래에 성불하여 지금에 이르렀다 하였네

不見一法即如來
方得名爲觀自在
了即業障本來空
未了還須償宿債
飢逢王饍不能餐
病遇醫王爭得差
在欲行禪知見力
火中生蓮終不壞
勇施犯重悟無生
早時成佛於今在

사자후의 두려움 없으신 설법이여
어리석은 완피달[34]을 깊이 슬퍼하심일세
보리의 중한 장애 범한 줄 알았다면
여래께서 열어놓은 비결도 볼 것 없네
두 비구가 음행과 살생을 저지름에
우바리의 반딧불은 죄 매듭만 더하였고[35]
유마께서 단박에 의심을 없애줌은
빛나는 해, 서리와 눈 녹이는 것 같았네

獅子吼無畏說
深嗟憍懂頑皮靼
只知犯重障菩提
不見如來開祕訣
有二比丘犯婬殺
波離螢光增罪結
維摩大士頓除疑
還同赫日銷霜雪

---

34) 완피달 : 가죽이 두꺼워서 송곳하나 들어가지 않을 만큼 딱딱한 것을 뜻하는데, 좋은 말이 절대로 귀에 들어가지 않음을 비유한다.
35) 우바리 존자가 계율에 의거해서 두 비구의 죄를 다스리려고 했으나, 그것은 아무런 열기도 없는 작은 반딧불과 같아서 죄의 매듭을 풀어 줄만한 지혜가 되지 못할 뿐만 아니라, 오히려 죄의 매듭을 더하였다.

헤아릴 수가 없는 해탈의 힘이여
묘한 작용 항하의 모래 같아 다함 없네
네 가지 공양을 수고롭게 사양하랴
만 량의 황금도 녹일 수가 있다네
몸뚱이와 뼛골이 가루돼도 못 갚으니
일구를 깨달아 밝게 법문해야 하네
법 가운데 왕이며 가장 높고 수승함을
강 가운데 모래같이 많은 여래 증득 했네
내가 지금 여의주를 깨닫게 하였으니
믿어서 받는 분은 모두가 상응하리

不思議解脫力
妙用恒沙也無極
四事供養敢辭勞
萬兩黃金亦銷得
粉骨碎身未足酬
一句了然超百億
法中王最高勝
河沙如來同共證
我今解此如意珠
信受之者皆相應

밝게 보아 한 물건도 있다 할 수 없음이여
사람이니 부처니 할 것조차 없다네
대천계도 바닷속 물거품일 뿐이요
뭇 성현도 번쩍인 번갯불 같은 걸세
쇠바퀴를 머리 위에 돌린다 하더라도
선정과 지혜 밝아 끝끝내 잃지 않네
해를 차게 하거나 달 뜨겁게 할지언정
마구니 무리로선 참된 말씀 못 부수리
코끼리 수레 끌 듯 위풍당당 길 가는데
사마귀가 길 막는 걸 그 누가 보았던고?

了了見無一物
亦無人亦無佛
大千世界海中漚
一切聖賢如電拂
假使鐵輪頂上旋
定慧圓明終不失
日可冷月可熱
眾魔不能壞真說
象駕崢嶸謾進途
誰見螳蜋能拒轍

큰 코끼리 토끼의 길에서 놀지 않고
큰 깨달음 작은 것에 구애되지 않나니
조그마한 소견으로 잘못 비방 말라
모르기에 그대 위해 결단해 줄 뿐이라네

大象不遊於兎徑
大悟不拘於小節
莫將管見謗蒼蒼
未了吾今爲君決

등등(騰騰) 화상[36]의 요원가(了元歌)

도 닦는다 하지만 도는 닦을 것이 없고
법 물으나 법에는 물을 것이 없네
미혹한 이, 색과 공을 알지 못하나
깨달은 이, 본래부터 거스르고 따를 것이 없네
팔만 사천 모든 법문 한결같이
지극한 이치로서 마음여읨 없음이니
자신의 집안일을 알려고 할지언정

騰騰和尙了元歌。
修道道無可修
問法法無可問
迷人不了色空
悟者本無逆順
八萬四千法門
至理不離方寸
識取自家城郭

---

36) 낙경(洛京) 복선사(福先寺) 인검(仁儉) 선사(禪師). 전등록 4권 참고.

부질없이 다른 고을 쏘다니지 말아라
널리 배워 많이 들을 필요도 없으며
변재와 총명이 모두 다 쓸모없다
달이 크든 작든 알려고 할 것 없고
해에 윤달 있건 없건 관계없네
번뇌라 한 그대로 곧바로 보리이니
깨끗한 연꽃은 도리어 진흙에서 핀다네
누가 와서 그 무엇을 묻는다 할지라도
그와 말로 이리저리 논란하지 않는다네

莫謾尋他州[37]郡
不用廣學多聞
不要辯才聰俊
不知月之大小
不管歲之餘閏
煩惱即是菩提
淨華生於泥糞
人來問我若為
不能共伊談論

---

37) 州가 송, 원나라본에는 鄕으로 되어 있다.

새벽에 죽을 먹어 주림을 달래고
낮에도 다시 또 한 술 먹음으로
오늘도 뜻대로 즐겁게 지내고
내일도 뜻대로 즐겁게 지낸다네
맘 속으로 분명하게 모두 다 알지만
겉으로는 거짓으로 어리석은 체 한다네

寅朝用粥充飢
齋時更餐一頓
今日任運騰騰
明日騰騰任運
心中了了總知
且作佯癡縛鈍

남악(南嶽) 나찬(懶瓚) 화상의 노래

가없이 이러-해서 일 없으니
바꾸거나 고칠 것 없다네
본래에 아무 일도 없거늘
무엇 하러 한바탕 떠들랴
바른 마음 산란함 없어서
끊어야 할 다른 일 없다네
과거는 벌써 이미 지나갔고
미래는 헤아리지 말게나
가없이 이러-히 앉았으니
어찌 부를 사람이 있겠는가

南嶽懶瓚和尙歌。
兀然無事無改換
無事何須論一段
直心無散亂他事不須斷
過去已過去未來猶莫算
兀然無事坐何曾有人喚

밖을 향해 공부를 찾는 이
모두가 어리석은 무리이네
양식 한 알 모을 줄 모르지만
밥 만나면 먹을 줄은 안다네
세간에 일 많은 사람들은
뒤쫓지만 이르지 못하네
하늘에 나기도 바라잖고
복전(福田)도 사랑하지 않나니
언제나 시장하면 밥을 먹고
곤하면 잠을 잘 뿐이라네
어리석은 사람은 비웃지만
지혜로운 사람은 알 것일세

向外覓功夫總是癡頑漢
糧不畜一粒逢飯但知嗎
世間多事人相趁渾不及
我不樂生天亦不愛福田
饑來喫飯困來即眠
愚人笑我智乃知焉

어리석고 둔한 것이 아니고
본체가 그러-할 뿐이라네
가려면 가고 멈추려면 멈추는데
몸에는 누더기 한 벌이요
발에는 어미가 준 신 한 켤레네
말이 많고 이야기가 많으면
도리어 근본을 그르치니
중생을 제도코자 한다면
자신부터 제도해 마쳐서
허물이 없어야 할 것일세
부질없이 참 부처를 찾지 말라
참 부처는 볼 수가 없다네

不是癡鈍本體如然
要去即去要住即住
身披一破衲脚著孃生袴
多言復多語由來反相誤
若欲度眾生無過且自度
莫謾求真佛真佛不可見

미묘한 성품의 신령함이
어찌 일찍 단련하여 된 것이랴
마음이란 일 없는 마음이며
낯은 본연에서 나툰 얼굴일세
겁의 돌〔劫石〕은 움직일 수 있을망정
이것은 변하게 할 수 없네
일 없다 함 본래에 일 없는 바니
문자로 읽어서 되겠는가
너니 나니 하는 마음 없애면
이 뜻에 자연히 계합하네
여러 가지 뼈아픈 힘 들이나
숲 밑에서 조는 것만 못하니

妙性及靈臺何曾受熏鍊
心是無事心面是孃生面
劫石可移動箇中無改變
無事本無事何須讀文字
削除人我本冥合箇中意
種種勞筋骨不如林下睡

고개 들어 해가 높이 뜬 후엔
이렇게 밥 빌어다 먹는다네
공력으로 공력을 쓴다 해도
더욱더 어리석을 뿐이니
취함으로 얻을 수 없어서
취함이 없어야 스스로 통하네
나에게 한마디 말 있는데
생각이 끊어지고 반연 없어
묘하여 말로서는 얻지 못함
오로지 마음으로 전한다네
다시 또 한마디 말 있으니
곧바로 일러줌만 못하네

兀兀擧頭見日高
乞飯從頭抴
將功用功展轉冥蒙
取即不得不取自通
吾有一言絶慮亡緣
巧說不得只用心傳
更有一語無過真與

가늘기로 말하자면 털끝 같고
크기로 말하자면 곳이 없어
본래부터 두렷이 이루어져
아무런 손질도 빌리잖네
세상의 일이란 것 끝없어서
산더미에 비하여도 모자라네
푸른 솔이 해를 가득 가리고
푸른 물이 길이길이 흐르네
산위의 구름으로 천막 삼고
밤의 달빛 아래에서 고기 잡고
머루 다래 덩굴 밑에 누워서
돌로써 베개를 삼는다네

細如毫末大無方所
本自圓成不勞機杼
世事悠悠不如山丘
青松蔽日碧澗長流
山雲當幕夜月爲鉤
臥藤蘿下塊石枕頭

천자도 뵐 것이 없는데
그 어찌 왕후가 부러우랴
생사라는 걱정도 없는데
또다시 무엇을 근심하랴
물속의 달 형상이 없듯이
나는 항상 이렇게 편안하네
만 가지 법 모두가 그러하여
본래부터 생멸이 없다네
가없이 이러-히 앉았으니
봄이 오면 풀이 절로 푸르더라

不朝天子豈羨王侯
生死無慮更復何憂
水月無形我常只寧
萬法皆爾本自無生
兀然無事坐春來草自靑

석두(石頭) 화상의 초암가(草庵歌)

내가 엮은 풀집에 보배는 없어도
먹고 나서 잠자며 한가로이 즐긴다네
새로 지을 때에는 띠풀이 새로웠고
부서진 뒤에는 또 띠를 덮는다네
토굴에 사는 사람 언제나 있지만
안팎 중간 어디에도 속하지 않는다네
세상사람 머무는 곳 난 머물지 않고

石頭和尙草庵歌。
吾結草庵無寶貝
飯了從容圖睡快
成時初見茅草新
破後還將茅草蓋
住庵人鎭常在
不屬中間與內外
世人住處我不住

세상사람 좋아하는 곳 나는 좋아하지 않는다네
토굴은 작으나 법계를 머금음을
방장(方丈)의 노인이나 알아볼 수 있으리
상승(上乘)의 보살은 의심 없이 믿지만
중등과 하등은 반드시 의심 하네
토굴이 무너질까 무사할까 묻지만
무너지건 무사하건 원래 주인 항상 있으나
남북과 동서에 있는 것이 아니니
견고함에 있어서는 최고인 바탕일세

世人愛處我不愛
庵雖小含法界
方丈老人相體解
上乘菩薩信無疑
中下聞之必生怪
問此庵壞不壞
壞與不壞主元在
不居南北與東西
基址[38]堅牢以爲最

---

38) 址가 송, 원나라본에는 上으로 되어 있다.

푸른 솔 아래에 밝은 창 안이여
옥 대궐, 단청 누각 거기엔들 견줄건가
누더기를 덮어쓰면 만사가 그만이니
이런 때에 산승은 아는 것 하나 없네
이 토굴에 살면서 알음알이 안 지으니
뉘라서 가게를 차려서 팔려고 하겠는가
빛 돌이켜, 돌이켜 비추어서 돌아오니
가없이 통달한 신령한 근원이라
애당초 등진 적도 향한 적도 없다네

靑松下明窓內
玉殿朱樓未爲對
衲被[39]幪頭萬事休
此時山僧都不會
住此庵休作解
誰誇鋪席圖人買
迴光返照便歸來
廓達靈根非向背

---

39) 被가 송. 원나라본에는 帔로 되어 있다.

조사를 만나면 친히 알려 주나니
풀을 얽어 토굴을 만들기 쉬지 말라
백년 동안 버려둬도 걸림이 없으며
손을 털고 떠나가도 죄가 되지 않는다네
천 가지 말이나 만 가지 주해는
오직 그댈 영원히 어둡히지 말라는 것
토굴 속의 죽지 않는 사람을 알겠는가
어찌 지금 몸뚱이를 떠나서 있다 하랴

遇祖師親訓誨
結草爲庵莫生退
百年拋却任縱橫
擺手便行且無罪
千種言萬般解
只要敎君長不昧
欲識庵中不死人
豈離而今這皮袋

도오(道吾) 화상의 낙도가(樂道歌)

도 즐기는 산승(山僧)이 멋대로 살아서
천지의 운행에 맡기어 지낸다네
외딴 산정 한가히 누웠으니 벗이 없어
무생곡(無生曲) 한 가락을 혼자서 부른다네
무생가여, 세상을 초월한 풍류이니
요새 사람 어울리지 못함이 퍽 우습네
멋스럽게 도를 즐겨 이러-히 사노라니
장가인지 이가인지 완전히 잊었네

道吾和尙樂道歌。
樂道山僧縱性多
天迴地轉任從他
閑臥孤峯無伴侶
獨唱無生一曲歌
無生歌出世樂
堪笑時人和不著
暢情樂道過殘生
張三李四渾忘却

대장부는 기상이 있어야 되나니
인정에 따름이 없어야 걸림 없네
그대는 도리 따름 보리(菩提)라고 하지만
나는 벌써부터 등졌다고 한다네
때에 따라 어리석다 미쳤다고 하지만
나의 길에 일치하지 아니하니 어찌 알랴
특별히 통달한 온통인 삶 언제나 자유로워
들 나그네라 돌아갈 고향조차 없다네
오늘의 산승은 다만 이러-하니
원래의 산승이거니 다시 무엇이라 하랴

大丈夫須氣槪
莫順人情無妨礙
汝言順即是菩提
我謂從來自相背
有時憨有時癡
非我途中爭得知
特達一生常任運
野客無鄕可得歸
今日山僧只這是
元本山僧更若爲

조사 기틀 밝혀낸 공왕(空王)의 자손이여
몸은 뜬구름 같아서 기댈 것이 없네
옛부터 언제나 누더기 한 벌 입고
추위와 더위에 얼마를 지냈던고
이것은 참 아니요 거짓도 아니건만
북을 치고 즐기며 신령하게 베풀며 절도 하네
밝고 밝아 온통인 도, 한나라 강 구름이여
청산과 녹수 서로 같지 않다지만
천성은 이루어져 다시 닦을 것이 없어

探祖機空王子
體似浮雲沒隈倚
自古長披一衲衣
曾經幾度遭寒暑
不是真不是僞
打鼓樂神施拜跪
明明一道漢江雲
靑山綠水不相似
稟性成無揩改

상투를 매는 것도 비단의 무늬라서
서로가 걸릴 것이 하나도 없다네
때로는 자비희사(慈悲喜捨) 마음을 운영하고
때로는 사람 만나 몽둥이로 친다네
자비은애(慈悲恩愛) 애욕에 빠지게 하지만
몽둥이로 가르침은 은애마저 부순다네
달빛에 길을 가는 나그네들이여
은애의 정 남았다면 내가 고쳐 주리라

結角羅紋不相礙
或運慈悲喜捨心
或即逢人以棒闉
慈悲恩愛落牽纏
棒打教伊破恩愛
報乎月下旅中人
若有恩情吾爲改

배도(杯渡) 선사[40]의 일발가(一鉢歌)

말이 많고 시끄럽게 논쟁함을 금하니
모두 이를 빨리 지워 한가함을 짓게나
주렸을 때 소금 먹어 갈증을 더하듯
일생을 헛 보내며 분주하지 않았는가
끝끝내 시작할 줄도 마칠 줄도 모르니
죽어서 송장 되어 어디서 해탈하랴
그대여, 힘써서 해탈을 구하라

杯渡禪師一鉢歌。
遏喇喇鬧聒聒
總是悠悠造抹撻[41]
如饑喫鹽加得渴
枉却一生頭桚桚
究竟不能知始末
拋却死屍何處脫
勸君努力求解脫

---

40) 배도(杯渡) 선사 : 중국 남북조 때의 신승. 도술이 있어 항상 술잔을 타고 물을 건너 다녔다고 한다.
41) 抹撻이 원나라본에는 休健로 되어 있다.

부질없는 일들은 마침내 끝이 나네
몸에 불 붙으면 빨리 끄듯 해야 하거늘
죽을 때를 당해서 보살을 부르지 말라
대장부의 이야기는 시원해야 하나니
어리석은 사람 따라 헤아리려 하지 말고
뒤쫓아 얽히는 걸 내려놓길 배워라
거친 밥에 부드럽게 친화하길 배우고
머리를 깎고서 거친 베옷을 입어라
범부의 생활을 짓기만을 배우면서

閑事到頭須結撮
火落身上當須撥
莫待臨時叫菩薩
丈夫語話須豁豁
莫學癡人受摩捋
趁時結裹學擺撥
也學柔和也麁糲
也剃頭也披褐
也學凡夫作[42]生活

---

42) 作이 원나라본에는 없다.

바른 말로 그대에게 일러 줘도 알지 못해
한 곡의 긴 발우 노래지어서 부르노라
한 발우의 노래여
많은 것이 하나이고, 하나가 곧 많음이니
야인(野人)의 일발가 비웃지를 말라
발우 하나 들고서 사바세계 제도하니
청천이 고요한 밤 달이 솟아오름이여
그림자 공(空)하여 만상을 머금었네
몇 곳을 떠돌며 시비를 벌였던가
한 근원이 청정하여 왕래가 없으니

直語向君君未達
更作長歌歌一鉢
一鉢歌多中一一中多
莫笑野人歌一鉢
曾將一鉢度娑婆
青天寥寥月初上
此時影空含萬象
幾處浮生自是非
一源淸淨無來往

다시는 마음으로 헛됨을 짓지 말라
백 털구멍 피가 나듯 함을 누가 시킨 일이던가
진여의 바탕에 조용히 앉아만 있음도
까치둥지 짓듯 함만 못하네
만대(萬代)의 금륜성왕(金輪聖王)도
진여의 신령함을 깨달았을 뿐이고
보리수 밑에서도 중생심을 다했을 뿐이니
중생심 다하면 생사가 없고
생사가 없어야 참다운 장부라네

更莫將心造水泡
百毛流血是誰教
不如靜坐眞如地
頂上從他鵲作巢
萬代金輪聖王子
只這眞如靈覺是
菩提樹下度眾生
度盡眾生不生死
不生不死眞丈夫

형상이 없어야 비로자나[43] 부처일세
번뇌 모두 사라지면 진여일 뿐이니
하나의 값없는 밝고 둥근 구슬일세
눈으로 봄이 없고 귀로도 들음 없어
들음 없고 봄 없어야 참된 보고 들음일세
본래부터 일구는 말로 할 수 없으나
오늘 이 천 마디는 부득이 나뉜 바라
부득이 나뉜 바나 자세히 들게나
사람마다 진여성품 가지고는 있으나

無形無相大毘盧
塵勞滅盡眞如在
一顆圓明無價珠
眼不見耳不聞
不見不聞眞見聞
從來一句無言說
今日千言強爲分
強爲分須諦聽
人人盡有眞如性

---

43) 비로자나 : 불지(佛智)의 광대무변한 것을 상징하는 화엄교(華嚴敎)의 본존(本尊)으로 무량겁해에 공덕을 닦아 정각을 얻은 연화장(蓮華藏) 세계의 교주불.

그건 마치 돌 속의 황금과도 같아서
단련하면 할수록 깨끗하게 된다 하나
참이 곧 망이요 망이 곧 참이니
참과 망 없으면 사람마저 없다네
본래 참된 마음인데 부질없이 번뇌 말라
의식(衣食)은 때에 따라 몸 보양할 뿐이니
좋아해도 집착이요 버려도 집착이라
온갖 일에 무심하여 물들지 말라
싫을 것도 없으며 좋을 것도 없으니

恰似黃金在鑛中
鍊去鍊來金體淨
眞是妄妄是眞
若除眞妄更無人
眞心莫謾生煩惱
衣食隨時養色身
好也著弱也著
一切無心莫[44]染著
亦無惡亦無好

---

44) 莫이 송, 원나라본에는 無로 되어 있다.

두 가지 모두가 평등한 도 뿐일세
거칠어도 먹으며 고와도 먹어서
범부들의 형상 봄을 배우지 말라
거친 것도 없으며 고운 것도 없으니
향적세계 뿌리도 꼭지도 없다네
앉음이 다님이요 다님이 앉음이라
생사의 나무 아래 보리과를 이룬다네
앉음도 없으며 다님도 없으니
본래 남이 없는데 무생법을 구하랴
나는 것과 죽는 것 깨닫고 나니

二際坦然平等道
麁也餐細也餐
莫學凡夫相上觀
也無麁也無細
上方香積無根蔕
坐亦行行亦坐
生死樹下菩提果
亦無坐亦無行
無生何用覓無生
生亦得死亦得

곳곳마다 어디서나 미륵을 본다네
나는 것도 없으며 죽는 것도 없으니
삼세의 여래가 모두 다 이러하네
여의려 함도 집착이요 집착은 곧 여의어야 하니
환화(幻化)의 문(門)중에는 실다운 뜻 없다네
여읠 것도 없으며 집착할 것도 없으니
병 없는데 어찌 다시 약 구할 일 있겠는가
말하나 침묵이요 침묵하나 말함이니
말과 침묵 자재하여 처소가 없다네
말이란 것 없으며 침묵도 없으나

處處當來見彌勒
亦無生亦無死
三世如來總如此
離則著著則離
幻化門中無實義
無可離無可著
何處更求無病藥
語時默默時語
語默縱橫無處所
亦無語亦無默

동서를 남북이라 부르지도 않는다네
성냄이 기쁨이요 기쁨이 성냄이라
스스로 법륜 굴려 마구니를 항복 받네
성냄도 없으며 기쁨도 없으니
물이 파도 여의잖아 파도가 곧 물일세
인색함이 보시요 보시가 인색이라
안팎과 중간마저 여읜 적도 없다네
인색도 없으며 보시도 없어서
적적하고 요요하여 잡을 수가 없다네
고가 곧 낙이요 낙이 곧 고이니

莫喚東西作南北
瞋即喜喜即瞋
我自降魔轉法輪
亦無瞋亦無喜
水不離波波即水
慳時捨捨時慳
不離內外及中間
亦無慳亦無捨
寂寂寥寥無可把
苦時樂樂時苦

이렇게만 수행하면 열고 닫을 문이 없네
고란 것 없으며 낙이란 것도 없어
본래부터 자유로워 속박이 없다네
더러움이 청정이요 청정이 더러움이라
두 가지라 하지만 끝내 앞뒤 없다네
더러움도 없으며 청정함도 없어서
대천세계 동일한 진여성품 뿐이네
약이란 것 병이요 병이란 것 약이니
끝끝내 두 일이란 버려야 한다네
약이란 것 없으며 병이란 것도 없어

只這修行斷門戶
亦無苦亦無樂
本來自在無繩索
垢即淨淨即垢
兩邊畢竟無前後
亦無垢亦無淨
大千同一眞如性
藥是病病是藥
到頭兩事須拈却
亦無藥亦無病

진여의 신령스런 깨달음의 성품일세
마구니가 부처되고 부처가 마가 되니
거울 속의 그림자요 물 위의 파도로다
마구니도 없으며 부처도 없으니
본래부터 삼세에 한 물건도 없다네
범부가 성인이요 성인이 범부이니
그림 속의 아교와 바닷물의 짠 맛 같네
범부도 없으며 성현도 없으니
만행(萬行)을 지니나 한 행도 함이 없네

正是真如靈覺性
魔作佛佛作魔
鏡裏尋形水上波
亦無魔亦無佛
三世本來無一物
凡即聖聖即凡
色裏膠青水裏鹽[45]
亦無凡亦無聖
萬行總持無一行

---

45) 鹽이 송, 원나라본에는 鹹으로 되어 있다.

참 그대로 거짓이고, 거짓이 참이니
범부가 허망한 번뇌를 일으킬 뿐
참이란 것 없으며 거짓도 없으니
부르지 않는다면 그 누가 대꾸하랴
본래부터 성도 없고 이름도 없으니
발길 따라 천천히 그저 걸을 뿐이라서
때로는 저자 거리 푸줏간을 들르니
불더미에 한 떨기 홍련이 솟듯 하고
때로는 지팡이 끌고서 서울 거리 거니니
이 몸은 구름같이 정한 자리 없다네

真中假假中真
自是凡夫起妄塵
亦無真亦無假
若不喚時何應喏
本來無姓亦無名
只麽騰騰信脚行
有時廛市并屠肆
一朵紅蓮火上生
也曾策杖遊京洛
身似浮雲無定著

환화(幻化)는 원래부터 더부살이 같으니
그 집 닿는 곳마다 청정한 허공일세
만약에 계행에서 찾고자 한다면
삼독의 종기가 어느 때나 나으랴
만약에 선(禪)에서 찾고자 한다하면
내 멋대로 돌처럼 편안히 잠만 자랴
정말로 딱하구나 뒤바뀌지 말라
세간이나 출세간, 천성 가운데 천성임을
사람들이 이 가운데 뜻을 알지 못하누나
남쪽을 치는 것은 북쪽을 울리려 함일세

幻化由來似寄居
他家觸處更淸虛
若覓戒三毒瘡痍幾時差[46]
若覓禪我自縱橫泹碢眠
大可憐不是顚
世間出世天中天
時人不會此中意
打著南邊動北邊

---

46) 差가 원나라본에는 瘥로 되어 있다.

만약에 법에서 찾고자 한다면
계족산(雞足山)의 가섭에게 물어야 할 것이네
대사가 가사 지녀 그 속에 있다지만
본래에 구하고 전함이 쓸데없네
만약에 경에서 찾고자 한다면
법성의 참 근원은 들을 수 없으며
만약에 계율에서 찾고자 한다면
궁자(窮子)⁴⁷⁾가 달아난 것과도 같다네
만약에 수행하여 찾고자 한다면
팔만개 부도(浮圖)의 어디에서 구하랴
단풍잎으로 우는 아기 달랠 줄은 알았지만

若覓法雞足山中問迦葉
大士持衣在此中
本來不用求專甲
若覓經法性真源無可聽
若覓律窮子不須教走出
若覓修八萬浮圖何處求
只知黃葉止啼哭

---

47) 궁자(窮子) : 『법화경』'신해품'의 '장자 궁자의 비유'에 나오는 인물.

검은 구름 해 가린 줄 알지를 못했구나
두서없는 소리라고 괴이하게 생각 말라
사라(篩羅)⁴⁸⁾는 거친 가운데 섬세하게 든다 하나
이 거침 가운데는 섬세할 것도 없어
즉시에 원명(圓明)이라 함이 진실한 말씀일세
진실한 말씀이라 해도 본래의 참 아니니
이름을 들었다고만 하여도 곧 티끌일세
만약에 티끌 중 진실을 알게 되면
당당히 세상을 벗어난 사람일세

不覺黑雲遮日頭
莫怪狂言無次第
篩羅漸入麁中細
只這麁中細也無
即是圓明眞實諦
眞實諦本非眞
但是名聞即是塵
若向塵中解眞實
便是堂堂出世人

---

48) 사라(篩羅) : 북의 일종.

그 사람은 조작하여 만듦이 없으니
홀로 걷고 홀로 다녀 공마저 다하였네
남[生]이나 죽음이나 열반도 없으니
본래부터 생사와는 관계가 없다네
시비도 없으며 동정(動靜)도 없으니
공연히 몸 이끌고 공(空)한 우물 들지 말라
선악도 없고 거래(去來)도 없으며
밝은 거울 높은 대에 걸 것도 없다네
산승의 견해는 오로지 이 뿐이니
못 믿으면 경계 쫓아 업화의 재[灰] 지으리라

出世人莫造作
獨行獨步空索索
無生無死無涅槃
本來生死不相干
無是非無動靜
莫謾將身入空井
無善惡無去來
亦無明鏡掛高臺
山僧見解只如此
不信從他造劫灰

낙보(樂普) 화상의 부구가(浮漚歌)

흐린 날 빗방울이 뜰 위에 떨어지니
물 위에 넘실넘실 거품이 이는구나
앞의 것 꺼지면 뒤의 것이 생기어
앞뒤로 이어져서 끊임이 없구나
본래 빗물에서 거품이 생겼고
바람이 스러지면 다시 물이 되건만
거품과 물의 성품 같은 줄 모르면
겉모양이 변함 따라 다르다고 여기네

樂普和尚浮漚歌。
雲天雨落庭中水
水上漂漂見漚起
前者已滅後者生
前後相續無窮已
本因雨滴水成漚
還緣風激漚歸水
不知漚水性無殊
隨他轉變將為異

밖으로는 밝으며 안으로는 공 머금어
안팎이 영롱한 보배구슬 같구나
맑은 물결 있을 때는 있는 것 같았으나
출렁이자 없어진 것처럼 보인다네
유무와 동정으론 밝히기 어려우니
형상 없는 가운데 형상이 있음일세
다만 거품, 물에서 나오는 줄 알아야지
어찌 물이 거품에서 나온다고 알리오
물거품을 내 몸에 견주어 보자니
헛된 오온(五蘊) 모아서 거짓 세운 사람일세

外明瑩內含虛
內外玲瓏若寶珠
正在澄波看似有
及乎動著又如無
有無動靜事難明
無相之中有相形
只知漚向水中出
豈知水亦從漚生
權將漚水類余身
五蘊虛攢假立人

물거품 공하듯 오온의 몸 공함 알면
비로소 본래 참됨 밝게 보게 될 것일세

解達蘊空漚不實
方能明見本來真

소계(蘇溪) 화상의 목호가(牧護歌)[49]

납승(衲僧)의 목호가(牧護歌)를 들어라
뜻대로 운용하여 머묾 없이 소요하니
한 벌의 누더기와 병이며 발우가
그대로 한 평생의 살림살이 전부라네
지극한 이치를 두루 찾아다니되
추위 더위 괴로움을 싫어하지 않으며
일찍이 사해를 떠돌아 다녔으나

蘇溪和尚牧護歌。
聽說衲僧牧護
任運逍遙無住
一條百衲瓶盂
便是生涯調度
爲求至理參尋
不憚寒暑辛苦
還曾四海周游

---

49) 목호가(牧護歌) : 마음자리를 잘 보호하는 노래.

산과 물 바람 구름, 내 속의 것들일세
안으로는 계율의 정밀함마저 버리고
위의(威儀) 갖춘 걸음걸이 배우지도 않으니
삼승은 나에게 무능하다 비웃지만
나야말로 삼승의 헛된 공부 비웃네
깨달은 이, 방편으로 지위를 정했으나
큰 도 본래 미혹과 깨달음이 없어서
통달한 이, 닦거나 다스림 빌리잖아
말하고 얘기하는 데에도 있지 않네
베옷을 걸치고 천공(天空)을 바라봄에

山水風雲滿肚
內除戒律精嚴
不學威儀行步
三乘笑我無能
我笑三乘謾做
智人權立階梯
大道本無迷悟
達者不假修治
不在能言能語
披麻目視雲霄

왕후가 온다 해도 돌아보지 않는다네
도인의 본체가 본래에 이러-하여
부처의 거처는 알 수가 없다네
태어나는 그것은 옷 입는 것과 같고
죽는 것은 그 옷을 벗어 던진 것과 같네
태어나도 기쁨이나 근심이 없으니
팔풍(八風)[50]을 그 어찌 두려워하겠는가
겉으로 형상은 어리석은 이 같으나
마음속은 언제나 높고 엄해 섞임 없네

遮莫王侯不顧
道人本體如然
不是知佛去處
生也猶如著衫
死也還同脫袴
生也無喜無憂
八風豈能驚怖
外相猶似癡人
肚裏非常峭措

---

50) 팔풍(八風) : 이(利)・쇠(衰)・훼(毁)・예(譽)・칭(稱)・기(譏)・고(苦)・낙(樂)을 말한다.

생활의 방도될 돈 한 푼도 없으나
군왕과 더불어 부귀를 겨룬다네
어리석은 사람은 손 저으며 미워하나
지혜로운 이는 고개를 끄덕여 수긍하리
어찌 알리 꼭두각시 일으켜 당기듯이
춤추고 노래함이 주인의 행함임을
한마디로 여러분 모두에게 알리노니
그림의 병(瓶) 쳐 부셔서 돌아가라 하노라

活計雖無一錢
敢與君王鬪富
愚人擺手憎嫌
智者點頭相許
那知傀儡牽抽
歌舞盡由行主
一言爲報諸人
打破畫瓶歸去

법등(法燈) 선사 태흠(泰欽)의 고경가(古鏡歌) 3수

1.
모두가 옛 거울 본 적이 없다 하니
그대들에게 온통 두렷함을 보여 주리
눈앞에 한 티끌도 볼 수가 없음이여
맑고 맑은 차가운 빛 이러-히 온통일세
이러-히 온통이라 앞뒤가 없구나
추녀는 단장해도 마음에 맞잖건만
반생(潘生)은 고개 돌려 지극히 칭찬하네

法燈禪師泰欽古鏡歌三首。
盡道古鏡不曾見
借你時人看一遍
目前不覩一纖毫
湛湛冷光凝一片
凝一片勿背面
嫫母臨粧不稱情
潘生迴首頻嘉歎

무엇을 기뻐하고 무엇을 근심하랴
곱고 미움 본래에 이것일 뿐인데
이 뿐이라 말하면 더욱 술에 취한 걸세
연야달다[51] 거울 보다 두려워 달아남은
자세히 생각하면 까닭이 있다네
이 사람이 미치광이에게 물었더니
별안간 고개도 돌리지 않고서
눈물을 흘리면서 소리 내어 슬퍼하고
목이 메어 거룩한 법 말하지 못하네

何欣欣何戚戚
好醜由來那箇是[52]
只這是轉沈醉
演若晨窺怖走時
子細思量還有以
我問顚狂不暫迴
淚流向予聲哀哀
哽咽未能申吐聖

---

51) 연야달다 : 어느 날 거울을 보다가 거울 속에 있는 사람에게는 머리가 있는데 나의 머리는 어디로 갔는지 스스로 물으면서 본인의 머리를 찾으러 다녔다고 한다.
52) 箇是가 원나라본에는 是的으로 되어 있다.

그대의 머리와 그림자 잃었다지만
그대여 허다한 때 어디에 있었던가
미혹의 구름이 환하게 트이니
걸음마다 손을 잡고 높은 곳에 오름일세

2.
뉘라서 묵은 거울 모양격식 없다 했나
고금에 출입한 이, 어느 문을 통했으랴
문이여, 보려 해도 볼 수가 없을 때에
그대가 온전히 드러난 것이라네

你頭與影悠悠哉
悠悠哉爾許多時
那裏來迷雲開
行行携手上高臺

誰云古鏡無樣度
古今出入何門戶
門戶君看不見時
即此爲君全顯露

온전히 드러남을 일생동안 보호하라
만약에 깨닫기를 청하여 오더라도
만나는 사람에게 가벼이 분부(分付) 말라
얼굴을 보는 데에 맡기도록 하여서
두려운 생각을 내게 하지 말 것이니
당시의 연야달다 생각해 볼지어다
지금까지 착오를 이룬 걸세
지금 당장 그림자를 깨닫지 못한다면
여전히 그 당시를 한번 보는 것 같으리

全顯露
與汝一生終保護
若遇知音請益來
逢人不得輕分付
但任作見面
不須生怕怖
看取當時演若多
直至如今成錯誤
如今不省影分明
還是當時同一顧

그 당시를 한번 보는 것 같음이여
괴롭고 괴로우며 또다시 괴롭도다

3.
옛거울이 밝고도 맑아서
맑은 빛이 대천세계 두루하여 비추네
도처에서 이름과 글자를 즐겨 쓰나
내 집을 제외하고 다시 뉘 집 있으랴
과거, 미래, 현재의 그 모든 부처님도
거울 위의 아주 가는 티끌일 뿐이니
그 모든 티끌 다해 아무 물건 없으면

同一顧苦苦苦

古鏡精明皎皎
皎皎遍照河沙
到處安名題字
除儂更有誰家
過去未來現在
諸佛鏡上纖瑕
纖瑕垢盡無物

그것이 참다운 불속의 연꽃일세
연꽃은 천 송이 만 송이로 무궁한데
송이마다 단정한 석가모니 부처일세
그 누가 구시나[53]서 열반했다 말하며
그 누가 갈대 타고 이르렀다 하는가[54]
거울 속을 보고서 믿음 얻지 못하면
염소수레, 사슴수레, 소수레일 뿐이네
사람들은 옛거울을 알지도 못하고서
모두가 본래부터 청정하다 하나니

此真火裏蓮華

蓮華千朵萬朵

朵朵端然釋迦

誰云俱尸入滅

誰云穿膝蘆芽

不信鏡中看取

羊車鹿車牛車

時人不識古鏡

盡道本來淸淨

---

53) 구시나 : 석가모니 부처님께서 열반에 드신 곳.
54) 달마 대사가 갈대 잎을 타고 양자강을 건넜다는 일화.

단지 그 청정이란 거짓임을 보아서
형용(形容)이 옳지 않음 비추어 깨달아라
혹 둥글고 혹은 짧고 혹은 길다 하지만
가는 티끌이라도 있으면 병이므로
그대에게 권하노니 모두 다 부수어라
거울마저 없어지면 다 사라져 밝으리라
비야리성 유마 거사 입다문 뜻 알아야
두렷이 통달한 남음 없음 알게 되리

只看淸淨是假
照得形容不正
或圓或短或長
若有纖毫俱病
勸君不如打破
鏡去瑕消可瑩
亦見杜口毘耶
亦知圓通少剩

담주(潭州) 용회(龍會) 도심(道尋)의 변참삼매가(遍參三昧歌)[55]

온 천하 끝까지 선지식을 찾아뵙고
나에게 온전한 힘 달라고 했더니
스승이 꾸짖으며 내쫓는 바람에
그로 인해 즉시 쉬어 몸소 크게 깨달아
제방에서 바르게 베풂을 보았네
선재동자 깨달은 곳 숨기기 어려워라
방망이 끝, 할 밑에 그윽함을 드러내니

潭州龍會道尋遍參三昧歌。
天涯海角參知識
遍咨惠我全提力
師乃呵余退步追
省躬廓爾從茲息
覰諸方垂帶直
善財得處難藏匿
棒頭喝下露幽奇

---

55) 변참삼매가(遍參三昧歌) : 여러 삼매를 두루 배우는 노래.

놓아주고 뺏음에서 뛰어남을 본다네
조주의 관(關)과 설령의 척(陟)이여
축합봉 앞 헛됨과 실다움을 체험하리
깨달음의 신령함 써, 만 기틀을 여나니
조사의 칼 휘두름 세 국토를 소멸했네
거두고 폄 거듭하여 무궁함에 뉘 따르리
식(識)으로 속이고 헤아리길 쉬어라
납자(衲子) 눈썹 찡그리고 달마가 눈 부릅뜨면
황하가 곤륜산 꼭대기로 흐른다네
위산의 검은 암소 도오(道吾)가 외쳤고

縱去奪來看殊特
趙州關雪嶺陟
築廬峯前驗虛實
據證靈由闢萬機
橫揮祖刀開三域
卷舒重重孰可委
休呈識意謾猜揣
衲子攢眉碧眼咦
黃海倒逆崑崙嘴
潙山牛道吾唱

마조는 서슴없이 원상(圓相)으로 보였다네
물그릇에 바늘 던짐, 후대의 본보기니
거울, 깃발 잡은 데서 윗대 조사 보게나
광릉(廣陵)의 노래를 그 누가 이으련가
이으려면 음률로는 곡조를 못 맞추리
돌사람이 화를 내어 채찍을 휘두르고
나무말이 소리 내며 범천(梵天)에 오름일세
여수(麗水)의 금이요, 남전(藍田)의 옥이로다
축융봉(祝融峯) 뾰족하고 상강(湘江) 물결 굽이치네

馬師奮迅呈圓相
執水投針作後規
把鏡持旛看先匠
廣陵歌誰繼唱
擬續宮商調難況
石人慍色下鞭撾
木馬奔嘶梵天上
麗水金藍田玉
祝融峯攢湘浪蹙

보름달 밝은 개울, 솔바람 소리이니
구름이 용 따르듯 좋고 좋은 경치로세

滿月澄谿松韻淸。
雲從龍騰好觀矚。

단하(丹霞) 화상의 완주음(翫珠吟) 2수

1.
반야의 신령한 구슬 묘하여 헤아리기 어려우니
법성의 바다에서 친히 알아 얻어라
오온 중에 숨고 드러내며 유희하니
안이니 밖이니가 광명의 큰 신통일세
이 구슬 큰 것도 작은 것도 아니어서
낮이나 밤이나 모두 광명의 비춤일세
찾으면 형상도 자취도 없으나
앉거나 서는 데에 항상 밝게 따르네

丹霞和尚翫珠吟二首。
般若靈珠妙難測
法性海中親認得
隱顯常遊五蘊中
內外光明大神力
此珠非大亦非小
晝夜光明皆悉照
覓時無物又無蹤
起坐相隨常了了

황제가 일찍이 적수(赤水)에 갔을 때
찾으려 했으나 찾지를 못했는데
망상(罔象)은 무심으로 구슬을 찾았으니[56]
본다거나 듣는 것 모두가 거짓일세
우리 스승 방편으로 마니구슬 가리키니
구슬 찾는 많은 사람 봄 못에 빠졌네
제각기 기왓쪽을 보배라고 여기지만
지혜 있는 사람은 곧 이러-히 체득하네
삼라만상 모두가 광명으로 나툼이니

黃帝曾遊於赤水
爭聽爭求都不遂
罔象無心却得珠
能見能聞是虛偽
吾師權指喻摩尼
採人無數溺春池
爭拈瓦礫將為寶
智者安然而得之
森羅萬象光中現

---

56) 황제가 바닷가에서 구슬을 잃었는데 눈 밝기로 유명한 이도 찾지 못한 그 구슬을 봉사인 망상은 단번에 찾아 내었다고 한다.

체용(體用)이 여여하여 굴려도 굴림 없네
만 가지 기틀이 마음속에 흔적 없어
언제나 공교로운 방편을 부려서
여섯 도적 불태우고 모든 마를 불태워
아만의 산을 꺾고 애욕바다 말리네
용녀는 영산에서 부처님께 바쳤는데
가난한 나그네는 품에 품고 헤매었네
성품이라 하기도 마음이라 하기도
성품도 마음도 아니라고 하기도 하니
옛이나 지금마저 초월한 것이라네

體用如如轉非轉
萬機消遣寸心中
一切時中巧方便
燒六賊爍眾魔
能摧我山竭愛河
龍女靈山親獻佛
貧兒衣下幾蹉跎
亦名性亦名心
非性非心超古今

온통 밝아서 밝음마저 없으니
방편으로 구슬의 노래를 지었노라

2.
품 안의 보배를 스스로 알게 되면
무명의 취기가 저절로 깬다네
백 조각뼈들은 흩어지게 되지만
한 물건은 언제나 이러-히 신령하네
경계로 알려 해선 체득할 수 없으니
신기한 구슬은 형상이 없다네
깨달으면 곧바로 삼신불(三身佛)이지만

全體明時明不得
權時題作弄珠吟

識得衣中寶
無明醉自醒
百骸雖潰散
一物鎭長靈
知境渾非體
神珠不定形
悟則三身佛

미혹하면 만 권의 경에서도 의심하네
마음으로 마음을 측량한다 하지만
귀로만 들어서는 듣기가 어렵다네
형상이 없음이여, 천지(天地)보다 앞섰고
현묘한 샘이여, 깊은 데서 난다네
본래의 강함은 단련하는 것 아니며
원래의 맑음은 맑히려 할 것 없네
소반 위에 밝고 밝은 아침 해를 굴리는 듯
새벽별 영롱하게 그 빛을 비추는 듯
상서로운 광채가 끊임이 없어서

逃疑萬卷經

在心心可測

歷耳耳難聽

罔象先天地

玄泉出杳冥

本剛非鍛鍊

元淨莫澄淳

盤泊輪朝日

玲瓏映曉星

瑞光流不滅

참 기운 내어서 닿는 대로 영위하니
비춤을 비춰서 공동산(崆峒山) 고요함에
온 세상 펼쳐짐이 법계의 밝음일세
범부를 무찌른 공 없애지 못한다면
성현의 과위가 원만치 못하다네
용녀는 마음을 스스로 바쳤었고
아사세도 자기의 입으로 바쳤다네[57]
거위도 사람도 살려야 하거늘[58]

真氣觸還生
鑒照崆峒寂
羅籠法界明
挫凡功不滅
超聖果非盈
龍女心親獻
闍王口自呈
護鵝人却活

---

57) 중인도 마갈타국의 왕. 부처님 생존 당시 데바닷타의 꼬임으로 왕인 아버지를 죽이고 왕후인 어머니를 가두는 패륜행을 하였는데, 부처님께 참회의 고해를 한 후 귀의하여 교단의 첫 번 결집에 공헌하였다.
58) 보배구슬을 삼킨 거위를 살리기 위해 스스로 보배를 훔친 누명을 뒤집어 쓴 법장 비구의 일화.

참새의 뜻처럼 경솔히 하겠는가
말할 줄 아는 것, 이 혀가 아니요
전능한 말이여, 소리가 아니라네
끝없고 끝없어 더욱더 드넓고
가없기가 허공같이 평등하네
교법을 베푸는 것 말하려 함 아니요
명예 얻음, 이름을 알리려 함 아닐세
양쪽을 모두 다 세우지도 말 것이며
중도(中道)를 행한다고 하지도 말라

黃雀意猶輕
解語非關舌
能言不是聲
絶邊彌汗漫
無際等空平
演敎非爲說
聞名勿認名
兩邊俱莫立
中道不須行

참 달을 보려면 손가락을 보지 말고
집으로 돌아가려면 길을 묻지 말라
마음을 알려는 그 마음이 곧 부처이니
다시 어떤 부처를 이루려 하겠는가

見月休觀指
還家罷問程
識心心則佛
何佛更堪成

관남(關南) 장로의 획주음(獲珠吟)[59]

삼계가 허깨비요 육도가 꿈속 같네
성인이 세상에 나신 것도 번개 같고
국토는 물 위의 거품과도 같아서
무상하여 생멸함이 해가 옮겨 변하는 것 같으니
오로지 마하반야 그것만이 견고하네
굳세기론 금강 같아 뚫을 수 없으며

關南長老獲珠吟。
三界兮如幻
六道兮如夢
聖賢出世兮如電
國土猶如水上泡
無常生滅日遷變
唯有摩訶般若堅
猶若金剛不可鑽[60]

---

59) 획주음(獲珠吟) : 구슬을 간직하는 노래.
60) 鑽이 송, 원나라본에는 讚으로 되어 있다.

부드럽길 말하자면 천상의 비단 같고
크기로 말하자면 허공과 같으며
작기로는 티끌보다 더해서 볼 수 없네
모으려고 하여도 모을 수 없으며
흩으려고 하여도 흩을 수 없다네
귀 기울여 들어도 들을 수 없으며
눈 부릅떠 보려 해도 볼 수가 없다네
노래하고 노래하다 반석에서 깔깔 웃고
웃고 웃다 소나무 그늘에서 소리치네
마음 구슬 얻고 난 그 뒤로부터는

軟似兜羅大等空
小極微塵不可見
擁之令聚而不聚
撥之令散而不散
側耳欲聞而不聞
瞪目觀之而不見
歌復歌。盤陀石上笑呵呵
笑復笑。青松影下高聲叫
自從獲得此心珠

제석도 전륜왕도 부럽지 않다네
나 혼자 이렇게 하는 것이 아니라
옛부터 성인들도 이렇게 하셨다네
좌선도 할 것 없고 닦을 도(道)도 없어
뜻대로 자유롭게 자재할 뿐이라네
만 가지 법이란 것 마음에 둠 없으면
시작 없는 옛부터 나고 죽음 있었으랴

帝釋輪王俱不要
不是山僧獨施為
自古先賢作此調
不坐禪不修道
任運逍遙只麼了
但能萬法不干懷
無始何曾有生老

향엄(香嚴) 화상 지한(智閑)의 2수 읊음

1. 여각음(勵覺吟)[61]

입안에 가득한 말, 곳 없음 설함인데
분명하게 말해도 결단하지 못하누나
급하게 서두르고 이를 꽉 악물며 노력한들
죽음〔無常〕이 닥쳐오면 구할 길 없어지네

香嚴和尚智閑吟二首。
勵覺吟
滿口語無處說
明明向人道不決
急著力勤咬齧
無常到來救不徹

---

61) 여각음(勵覺吟) : 깨닫기를 권장하는 노래.

낮에는 이야기하고 밤에는 갈고 닦아
옛 송곳을 깨끗이 갈아서 세운다네
이치 다 깨달아도 잘 보호하여 지녀야 하고
금생의 일은 결정코 말로서는 할 수 없네
현묘함 배우려고 옛 분 말씀 구하나
선법(禪法)을 배우려면 마음을 궁구해서
마음 그림자를 끊어야 한다 했네

日裏語暗瑳切
快磨古錐淨挑揭
理盡覺自護持
此生事終不說
玄學求他古老吟
禪學須窮心影絕

2. 귀적음(歸寂吟)[62]을 함께 공부하는 도반들에게 주다

같이 사는 도인이 칠십여 명인데
모두가 집을 떠나 산에 살길 좋아해
몸은 찬 나무 같고 마음의 싹 끊겨서
당나라 말 하지 않고 범서(梵書)도 보지 않네
마음 구함 다한 곳엔 몸이랄 것 없으니
여래의 제자인 사문의 본보기네

歸寂吟贈同住。
同住道人七十餘
共辭城郭樂山居
身如寒木心牙絕
不話唐言休梵書
心期盡處身雖喪
如來弟子沙門樣

---

62) 귀적음(歸寂吟) : 적멸에 돌아가는 노래.

깊은 신심으로 존경함이 발우의 탑 이뤄[63]

우뚝한 청산도 손바닥에 얹어 두네

도 배우는 이, 보건대 허망치 않아서

深信共崇鉢塔成(涅槃經云。如來之身。已於無量阿僧祇劫。不受飲食。為諸聲聞說。先受二牧牛女乳糜。故本行經云。菩薩將往道樹。時有天人告善生神王二女。一名難陀。華言喜。二名婆羅。華言昌。汝可最初施食。於是二女。以乳烹糜。其釜上現種種瑞相。乃用鉢盛奉獻。菩薩食已。將其鉢擲向尼連河中。天帝釋收歸天上。建塔安置供養。故名鉢塔。此天上四塔之一也。四塔者。一髮塔。二箭塔。三鉢塔。四牙塔。人間亦有四塔。一如來生處塔。二如來成道處塔。三如來轉法輪處塔。四如來涅槃處塔)。

巍巍置在青山掌

觀夫參道不虛然

---

63) 『열반경』에 이르기를 "여래의 몸은 이미 무량아승지겁부터 음식을 받지 않지만 여러 성문들을 위해 전에 소치는 여인 두 명에게 우유죽을 받았다고 설하였다."라고 하였다. 그러므로 『본행경』에 이르기를 "보살이 도수로 갈 때, 천인이 선생신왕의 두 딸인, 난타(중국어로는 희)와 바라(중국어로는 창)에게 말하기를 '너희들이 최초로 음식을 보시할 수 있다.'라고 말해 주자, 두 딸은 우유로 죽을 끓이니 솥에서 여러 가지 상서로운 상이 나타났다. 그리고 발우에 담아서 보살에게 드리니 보살이 먹은 후에 그 발우를 니련하에 던졌다. 제석천왕이 이것을 거두어 천상에 돌아가 탑을 지어 안치하고 공양하였다."라고 하였다. 그러므로 발탑이라고 하는데, 이것은 천상의 4개의 탑 중 하나이다. 이 4개의 탑은 첫째는 발탑(髮塔)이요, 둘째는 건탑(箭塔)이요, 셋째는 발탑(鉢塔)이요, 넷째는 아탑(牙塔)이다. 인간 세상에도 또 4개의 탑이 있는데. 첫째는 여래가 태어난 곳의 탑이요, 둘째는 여래가 도를 이룬 곳의 탑이요, 셋째는 여래가 법을 굴린 곳의 탑이요, 넷째는 여래가 열반한 곳의 탑이다.

껍질 형상 벗어남이 무척이나 거룩하네
애초부터 오늘 아침 일이라 하지 않고
깊고 깊은 마음을 그윽이 드러냄에
자취를 남김 없어 인간과 다르니
깊고 묘해 신령한 광명이 가득찼네

脫去形骸甚高上[64]
從來不說今朝事
暗裏埋頭隱玄暢
不留蹤迹異人間
深妙神光飽明亮

---

64) 上이 원나라본에는 尙으로 되어 있다.

소산(韶山) 화상의 심주가(心珠歌)

산승이 공문 도리 통달한 지 오래되어
마음 구슬 단련하는 일도 이미 끝났네
구슬이 영롱하여 주인 객에 분명하고
자주 내는 소리는 사자후와 같다네
사자후여, 항상한 뜻이랄 것도 없음으로
모두가 불성인 진여 이치 밝힘일세
때에 있어 이따금 스스로 사유함이
활연한 큰 뜻이라 기쁘고 기쁘다네

韶山和尚心珠歌。
山僧自達空門久
淬鍊心珠功已搆
珠逈玲瓏主客分
往往聲如獅子吼
獅子吼非常義
皆明佛性真如理
有時往往自思惟
豁然大意心歡喜

경을 짓기도 하고 논도 저술하며
점법(漸法)을 말하거나 돈법(頓法)도 말하네
부처님들께 있으면 신통으로 운용하나
범부에게 있으면 인색함을 일으키네
이 마음 구슬은 물속의 달과 같아
하늘 끝 땅끝까지 차별이 없다네
미혹했기 때문에 어긋난 것이니
그 까닭에 여래께서 여러 말씀 하셨네
지옥 아귀 여섯 길을 잠시도 쉼 없으니

或造經或造論
或說漸兮或說頓
若在諸佛運神通
或在凡夫興鄙悋
此心珠如水月
地角天涯無殊別
只因迷悟有參差
所以如來多種說
地獄趣餓鬼趣
六道輪迴無暫住

부처님의 자비가 없기 때문 아니오
염라대왕 조작해서 그런 것도 아니네
사람들아, 권하노니 깊이깊이 알아라
마음 구슬 잘 보아서 놓치지 말게나
오온의 몸 온전할 때 깨닫지 못한다면
백 마디 뼈 부서진 뒤 어디서 찾으랴

此非諸佛不慈悲
豈是閻王配交做
勸時流深體悉
見在心珠勿浪失
五蘊身全尚不知
百骸散後何處覓

위부(魏府) 화엄(華嚴) 장로가 대중에게 보이다

불법은 일상생활 하는 곳에 있으니, 그대가 다니고 멈추고 앉고 눕고 차 마시고 밥 먹는 데 있고 이야기하고 묻고 대답하는 데 있으나, 하는 일마다 마음을 일으키고 생각을 움직임이 있으면 옳지 못하니 알겠는가?

만일 알았다면 당장에 걸림 없는 참 도인이지만 알지 못했다면 항쇄, 족쇄를 한 죄인이다. 왜 그러한가? 불법은 멀리 티끌같이 많은 겁부터 막힌 것이 아니라, 그대의 한 생각 속에서도 볼 수 있고 그대의 눈썹과 콧구멍에도 있기 때문이다. 만일 보지 못했다면 막대기를 이어서 달을 따리는 것과 같으니, 있는 곳마다 절대로 생각에 빠지지 말아야 한다. 말로 표현할 수 없으니 그대는 하루 종일 누구의 힘을 받아서 사는가?

魏府華嚴長老示眾。佛法事在日用處。在爾行住坐臥處喫茶喫飯處言語相問處。所作所為舉心動念又却不是也。會麼。若會得即今無礙自在真人。若也未會則是箇檐枷帶鎖重罪之人。何故如此。佛法不遠隔塵沙劫。爾一念中見得。在爾眉毛鼻孔上。爾若不見得。如接竹點月。在處切莫思惟不可言語。爾時中承何恩力。

만일 안다면 그대가 기뻐할 경지가 있으리라. 옛사람이 말하기를 "항상 적적하고 항상 분명해서 모든 부처를 구하려 할 것도, 중생의 소식을 끊으려 할 것도 없다."라고 하였다. 그대는 알겠는가?

일체 법은 본래 정이 없고 부처님들은 본래부터 스스로 신령스러워 가없어 이러-히 허공계와 같아서 모자람도 남음도 없다. 알겠는가?

모르겠다면 경계에 떨어져서 몸이 빠진 곳도 모르고 허둥지둥하게 된다. 아득한 세월을 단지 물건을 탐하고 경계에 집착되어 실제인 줄로 잘못 알아 애착을 버리지 못하며 어리석게 재물에 홀려서 나와 남을 다툰다. 의식으로 가득 차서 조금이라도 감정을 어기면 얼굴이 붉으락푸르락하여 강함과 약함을 따지며 "나는 남에게 속지 않는다." "나는 대장부다." "나는 처자를 양육한다."라고 한다.

若知得爾須有箇歡喜處。古人道。常寂寂常歷歷。諸佛不求覓。眾生斷消息。爾會得麼。一切諸法本無情。一切諸佛本自靈。混然同太虛。無欠亦無餘。會麼。若不會直是箇觸途成滯。不知箇身落地處。茫茫劫劫只是戀物著境認色為實。不捨恩愛癡迷財寶。立我爭人一團子意氣。些子箇違情面青面赤。說強道弱。我不受人欺瞞。我是大丈夫兒。養妻養子。

그대는 어찌 업장의 바다속과 죄악의 구덩이 안에서 고기 먹기를 아귀가 시체를 뜯는 것과 같이 하고, 술 마시기를 주린 개가 물 마시는 것과 같이 하며, 여색을 좋아하기를 주린 파리가 피를 빠는 것과 같이 하는가? 알겠는가?

이 몸이 큰 재앙의 근본임을 모르고 방자하게 무명에 끌려 어리석게 의기를 북돋다가, 오래지 않아 파괴되어 무너지고, 허망하게 나고 죽고 하며 헛되이 천 겁을 지내도록 들락날락 하는가? 어째서 금강의 견고한 몸인 오래 살아 죽지 않는 도는 알지 못하는가?

세상에 있으면서 머리를 흔들흔들, 입을 오물오물, 눈을 껌벅껌벅 하다가 무상한 죽음의 귀신이 닥쳐와 머리맡에 나타나서 염라대왕 앞으로 몰고 가면, 재물과 경계를 좋아하여 마음을 부려 쓰던 것마저도 막연해져서 한마디도 하지 못하게 된다. 무쇠화로, 불숯, 구리기둥, 칼산 등이 모두 다가서니 이럴 때에는 뉘우쳐도 면하기 어렵다.

爾豈知在業海之中罪坑之內。喫肉如似餓鬼吞屍。嘗酒如餓狗飲水。愛色如渴蠅唼血。不知此身是大禍患恣縱無明愚養意氣。不久敗壞浪死虛生。枉經千劫徒然出沒。何不識取金剛堅固之體長生不滅之道。在世頭枺枺地。口子吧吧地。眼子眨眨地。無常殺鬼到來向床上。猶似使心用行戀財戀境。驀然驅去見閻老子。一詞不措鐵鑪火炭銅柱刀山盡為戲翫。恁時追悔大段難為免離。

그대들이여, 몸은 병이 나기 전부터 보살피면서 어찌하여 하루 종일 털끝만한 선행이라도 해서 노자 돈을 삼으려 하지 않는가? 환화(幻化)의 색신(色身)을 무엇에 의해 진실하다 하랴.

모든 부처님들이 과거에 경으로 남기고 논으로 저술하신 온갖 선한 법은 모두가 그대들, 처음 배우는 사람들을 위해 죄를 참회하여 업장을 녹임으로써 점점 이익이 더해지도록 하고, 선지식을 구하여 해탈법문을 열어 보여줌으로써 무명의 성품 속에서 진실한 주인공을 바로 알게 하기 위한 것이다. 만 겁의 세월 속에 사람의 몸으로 태어나기란 매우 쉽지 않은 일이다. 그대들 몸의 본래 성품은 부처님과 같아서 본래 조금도 모자람이 없는 줄 아는가?

일대사(一大事)가 그대들의 오줌 그릇과 똥통에서 찬란한 광채로 뚜렷한데 믿어지는가? 만일 믿지 않는다면 그대 멋대로 죄악의 깊은 구덩이에 빠져들어 영원히 헤매리라.

爾如今病未來尋身。何不於十二時中求一毫善利辨取津梁。幻化色身憑何爲實。諸佛過去留經造論。一切善法與爾初學底人。懺罪滅障漸漸增長利益。求善知識開示解脫法門。向無明性中認取箇眞實主人。於萬劫中得箇人身也不容易。爾還知箇身本性與佛同時本無欠少。有一大事在爾尿囊裏糞堆頭。光爍爍地圓陀陀地。還信得及麼。若信不及也從爾深坑罪海永墮沈淪。

그러나 그대가 빛을 돌이켜, 돌이킨 곳을 비추면 깜짝 사이에 생각들이 쉴 것이요, 평소에 가졌던 번뇌의 어리석음이 몽땅 쉬고, 모든 인연과 경계가 감로와 제호의 안락국토로 변하리니 이 얼마나 좋은 일인가?

성인께서 말씀하시기를 "만 법은 마음에서 생기고 마음에서 멸하니, 모두가 그대의 마음에 의한 것이다."라고 하셨다. 선과 악도 그대의 마음에 의한 것이고, 지옥과 천당도 그대의 마음에 의한 것이다.

지금이라도 부처님의 지혜 경지에 상응하면 그것이 부처이다. 다시는 속을 것이 없다. 당장에 이를 믿어 의심치 않으면 마음 그대로가 곧 정각이다. 하필 세 아승지겁을 지내야 되겠는가? 금생의 이 몸은 만나기 어려운데 '나는 범부요'라고 하면서 스스로 못난 체하지 말라.

爾若迴光返照。於一刹那中即心念息時中。迷惑煩惱癡暗狂情頓自消滅。諸緣境界轉爲甘露醍醐安樂國土。豈不是好否。聖人道。萬法從心生。萬法從心滅。皆由爾心。善惡也只由爾心。地獄天堂也只由爾心。只今相應與佛合智。即是佛也。更無相誑。直下奉信無疑心即正覺。又何必歷僧祇大劫。此身今生甚大難遇。莫道我是凡夫自家退屈。

천 경과 만 논이 오직 중생들이 미혹해서 본래 성품을 모르기 때문에 말씀하신 것이니, 그대들은 잠시 동안이라도 평소에 물건을 탐내는 듯한 간절한 마음으로 경전의 뜻과 이치를 보라. 오직 말하기를 "중생이 온갖 경계에 끌리는 것은 욕심에 집착했기 때문이다."라고 하였다.

이 중이 입이 쓰도록 말하는 것이 참으로 간절하였는데 그대들은 수긍하는가? 믿는가? 평상시에 추위와 더위에 집착하여 조금이라도 힘들면 괴로움을 감당하지 못하였기에 하루 종일 지내도 깨닫지 못했으니, 당장 가다듬자면 마음을 취해야 되겠는가, 몸을 취해야 되겠는가?

백 년이 화살 같고 부귀가 꿈같으며 은혜와 정도 오래가지 못한다. 백 년이 며칠 안되니 머리가 희어지는 것은 병이 올 징조요, 병은 업장이 올 징조요, 업장은 죽음이 올 징조요, 죽음은 지옥이 올 징조이다.

千經萬論只為眾生迷亂不識本性。爾暫時間那取些子貪物底工夫。看經書上義理。只言眾生被一切境攝。著慾之故。山僧苦口實為忉忉。爾還肯麼。爾還信麼。尋常著寒著熱。些子違情喫辛受苦不得。却於日用時中自不醒悟。整頓取心好為取身好。百年如箭富貴如夢。恩情也只不久。百年無多日。頭白是病來。病是業債來。業債是死來。死是地獄來。

그대들은 "나는 사람으로 태어나서 평생 좋은 일만 했고, 오직 본분에 의했을 뿐 나쁜 일은 하지 않았다. 나는 죄가 없으니 내가 태어날 좋은 곳이 있으리라."라고 말하지 말라. 나는 오늘 아침에 내일의 그대들을 보장하지 못한다. 왜 그러한가? 그대들은 평등을 어디에다 두었는가? 그대들은 이 말을 알겠는가? 불법을 의지하지 않는 온갖 법은 모두가 삿된 법과 외도의 견해이다.

남을 구제한다든가 나를 구제한다고 말하지 말라. 색을 탐내고 재물을 사랑하며 생선을 먹고 고기를 씹으며 망령된 말과 꾸미는 말을 일삼으니, 날마다 이런 짓을 해서 죄업이 매우 깊다.

그대들은 "나는 재물을 보시하여 탑과 법당을 짓고, 공양을 베풀고 경을 읽었으니 큰 공덕이다."라고 말하지 말라. 이런 것으로 진실을 삼아 봤자 의탁할 바가 못 되니 대중 가운데 노화상께서도 그대에게 아무 도움을 줄 수 없다. 그대들은 알겠는가?

爾莫道。我爲人平生好心吉善。只依本分不作惡事我無罪過。別敎爾有箇好生處。我卽今朝未信爾在。何故爾平等在甚處。爾還知否。不依佛法一切法皆是邪法外道見解。更莫說擔人擔我。貪色愛財餐魚啖肉妄言綺語。日費上事罪業極深。爾莫道。我捨財造塔起殿設僧轉經。便爲長久功德。以此爲實未可託倚。衆中老和尙也爲爾不得。爾還知麽。

그대들에게는 천 가지 무명의 죄업이 있으니 부처님도 그대를 어쩔 수 없다. 모름지기 그대 스스로가 힘을 써 앞길을 스스로 판단하라. 만일 그대가 온갖 유위의 공덕만 짓는다면 이는 업을 지을 뿐이며 거짓된 복만 늘려 청정한 지견을 내지 못하리라.

이 중도 비록 공양을 받고는 있으나 밤낮으로 불안하니 옳지 못함이 있을까 걱정되기 때문이다. 알겠는가? 그대 마음대로 제방 노덕에게 가서 말하며 나를 비웃을 수는 있겠지만 나를 미워할 수는 없을 것이다.

그대들이 시주자에게 돈 얻은 것을 생각하면 그대들이 사람들을 가난과 고통에서 구제하여 윤택함을 주었다고 못하리라. 만일 그대들이 깨달았다면 먹기를 쉬고, 집착하기를 쉬고, 수행하기를 쉬고, 이 몸을 제도했다는 것도 쉬고, 마음으로 뉘우침을 쉬어서 뉘우쳤다는 것까지도 쉬어라. 안녕.

爾有千般萬種無明罪業。佛亦爲爾不得。須是爾自家著力前程自辦。爾若作一切有爲功德。只是造業增長頑福。不生箇淸淨知見。山僧雖然求得供養。日夜不安。爲慮未是在。還知麽。一任爾說向諸方耆宿笑我。也嫌山僧不得。欲問爾施主得錢處。想爾應不濟潤於人。不救拔貧苦者了。得了取喫休。了取著休。早修行休。度此身休。悔取心休。悔取心休伏惟珍重。

천성광등록 제18권에서 발췌하다

한림학사 공부시랑 증 예부상서 문공 양억(翰林學士工部侍郎贈禮部尚書文公楊億)이 비서감(秘書監)에 임명되어 여주(汝州)를 다스리던 어느 날, 내한(內翰)인 이유(李維)에게 글을 보내 그가 법을 전해 받은 시말(始末)을 밝혔으니 다음과 같다.

제가 일찍이 어리석은 몸으로서 돌보아 주심을 받아 벌써부터 남종(南宗)의 종지를 물었으니, 오랫 동안 높으신 거동을 모시면서 앉고 설 때 질문하고 오고 가며 탐구함으로써, 마음의 조예가 약간 생기어 아무 것도 모르면서도 부끄러움을 모르고 남의 좌석 끝에나마 참석하게 되었습니다.

出天聖廣燈錄第十八卷。翰林學士工部侍郎贈禮部尚書文公楊億任祕書監知汝州日。嘗有書寄李維內翰。敍其始末師承。書云。病夫夙以頑憃。獲受獎顧。預聞南宗之旨。久陪上國之游。動靜咨詢。周旋策發。俾其剬心之有詣。墻面之無慚者。誠出於席間床下矣。

고(故) 안공(安公) 대사께서 매양 자상한 가르침을 일러 주셨건만, 쌍림에서 해가 지고 신 한 짝이 인도로 돌아간 뒤의 일이 마음 속에 허전해서 무슨 뜻인지 모르겠더니, 그 해에 심한 병이 들어 정신이 혼미하기까지 하였다가 약간 뜨음할 적에야 다시 방위를 분별하게 되었습니다.

운문(雲門) 양공(諒公) 대사가 나를 찾아와 주었는데 양공의 뜻도 안공과 궤도가 같았으며, 그들은 여산(廬山)의 귀종(歸宗)과 운거(雲居)에서 온 이로서 모두가 법안의 후손이었습니다.

작년에 잠시 이 고을을 지키러 왔다가 마침 광혜(廣慧) 선백(禪伯)을 만났는데 그는 남원 염(南院念)의 법을 이었고, 남원 염은 풍혈(風穴)의 법을 이었고, 풍혈은 선남원(先南院)의 법을 이었고, 남원은 홍화(興化)의 법을 이었고, 홍화는 임제(臨濟)의 법을 이었고, 임제는 황벽(黃檗)의 법을 이었습니다.

矧又故安公大師。每垂誘導。自雙林滅影隻履西歸。中心浩然罔知所旨。仍歲沈痼神慮迷恍。殆及小間再辨方位。又得雲門諒公大士見顧蒿蓬。諒之旨趣。正與安公同轍。並自廬山歸宗雲居而來。皆是法眼之流裔。去年假守茲郡。適會廣慧禪伯。實承嗣南院念。念嗣風穴。風穴嗣先南院。南院嗣興化。興化嗣臨濟。臨濟嗣黃檗。

황벽은 백장(百丈) 회해(懷海)의 법을 이었고, 백장은 마조(馬祖)의 법을 이었고, 마조는 회양(懷讓) 화상 밑에서 나왔으니, 회양 화상은 육조(六祖)의 맏 제자이십니다.

관청 일이 간소하고 사생활에 여가가 많으므로 오시는 것을 앉아서 맞기도 하고 수레를 몰아 뒤를 따르기도 하여 여러 가지 방법으로 청해 물었더니, 막혔던 의심이 활짝 풀리어 반년이 지난 뒤에는 아무것도 의심치 않게 되었습니다. 잊었던 것을 갑자기 기억한 것 같고, 잠에서 깨어난 것 같아서 평소에 가슴에 막혔던 것이 툭 트이는 듯 열리고, 여러 겁에 밝히지 못했던 일이 훤하게 눈앞에 펼쳐지니, 진실로 결택하는데 분명하고 응접하는데 지장이 없었습니다.

이에 거듭 생각하건대 선덕들도 거의가 여러 곳을 참문했었으니, 설봉(雪峯)은 아홉 차례 동산(洞山)에 오르고 세 차례 투자산(投子山)에 오른 끝에 덕산(德山)의 법을 이었습니다.

黃檗嗣先百丈海。海嗣馬祖。馬祖出讓和尚。讓即曹谿之長嫡也。齋中務簡退食多暇。或坐邀而至。或命駕從之。請叩無方。蒙滯頓釋。半歲之後曠然弗疑。如忘忽記。如睡忽覺。平昔礙膺之物曝然自落。積劫未明之事廓爾現前。固亦決擇之洞分。應接之無蹇矣。重念先德率多參尋。如雪峯九度上洞山三度上投子遂嗣德山。

임제(臨濟)는 대우(大愚)에게 법을 깨달았으나 마침내는 황벽의 대를 이었고, 운암(雲巖)은 대체로 도오(道吾)의 교훈을 받았으나 약산(藥山)의 제자가 되었고, 단하(丹霞)는 마조(馬祖)에게 인가를 받았지만 석두(石頭)의 후손이 되었으니, 이런 예가 예전에도 많이 있어 이치에 어긋나지 않습니다.

제가 이제 이어받는 인연도 실제에는 광혜에 속하지만 이끌어 떨치게 된 것은 오봉(鼇峯)에서 뛰어나게 되면서였으니 기쁘고 다행한 일입니다.

시랑이 광혜 화상에게 물었다.

"평소에 듣건대 스님께서 말씀하시기를 '온갖 죄업은 모두가 재물에서 생긴 것이다.'라고 하시면서 사람들에게 재물을 멀리하라 하신다는데, 남섬부주의 중생은 재물로써 생명을 삼고, 국가도 재물로써 백성을 모으고, 경전에도 재물과 법의 두 가지 보시를 말씀하셨거늘, 어째서 사람들에게 재물을 멀리 하라 하십니까?"

臨濟得法於大愚終承黃蘗。雲巖多蒙道吾訓誘乃為藥山之子。丹霞親承馬祖印可而作石頭之裔。在古多有。於理無嫌。病夫今繼紹之緣。實屬於廣慧。而提激之自。良出於鼇峯也。忻幸忻幸。侍郎問廣慧和尚。尋常承和尚有言。一切罪業皆因財寶所生。勸人疎於財利。況南閻眾生以財為命。邦國以財聚人。教中有財法二施。何得勸人疎財。

광혜가 말하였다.

"깃대 꼭대기의 무쇠 용두(龍頭)니라."

시랑이 말하였다.

"해단마자(海壇馬子)의 크기가 당나귀만 합니까?"

"초(楚)의 닭은 단산(丹山)의 봉이 아니다."

"부처님이 멸도하신지 2천 년에 비구들은 부끄러움이 없게 되었군요."

시랑이 동문(同門)의 승려인 표징(表澄)에게 물었다.

"듣건대 누가 말하기를 '하늘 위에도 미륵이 없고, 땅 위에도 미륵이 없다.'라고 하니 미륵은 어디에 있겠는가?"

표징이 말하였다.

"고랑[65]에 묶여 있다."

시랑이 말하였다.

"죄 지은대로 간다."

"잘못을 아는 이가 드물구나."

廣云。幡竿尖上鐵龍頭。侍云。海壇馬子似驢大。廣云。楚雞不是丹山鳳。侍云。佛滅二千歲比丘少慚愧。問門僧表澄。承云有言。天上無彌勒地上無彌勒。未審彌勒在什麼處。澄云手上木。侍云。罪有所歸。澄云。知過人難得。

---

[65] 고랑 : 활동을 제한하기 위해 손과 발등에 채우는 수갑.

"주장자를 맞아야겠군."
이에 표징이 할을 하니, 시랑이 말하였다.
"놓쳤더라면 안될 뻔하였다."

시랑이 이부마(李駙馬)에게 물었다.
"석가모니께서 6년을 고행하셔서 얻은 것이 무엇입니까?"
부마가 대답하였다.
"멜대가 부러지고야 짐이 무거운 줄 압니다."
"한 소경이 여러 소경을 이끌 때가 어떠합니까?"
"소경입니다."
"틀림없군요."
부마가 그만두었다.

동광제(同光帝)가 홍화 화상에게 묻기를 "짐이 중원(中原)의 보배를 얻었는데 아무도 값을 치지 못하는구려."라고 하니, 홍화가 대답하기를 "폐하의 보배를 보여 주십시오."라고 하였다.

侍云。喫取拄杖。澄喝。侍云。且放過即不可。侍郎問李附馬。釋迦六年苦行成得什麼事。尉云。擔折知柴重。問一盲引眾盲時如何。尉云。盲。侍云。灼然。尉便休。同光帝問興化和尚云。朕收得中原之寶。秖是無人酬價。興化云。略借陛下寶看。

황제가 손으로 복건(幞巾)의 끈을 푸니, 이에 흥화가 말하기를 "군왕의 보배를 누가 감히 값을 따지려 하겠습니까?"라고 하였다.

현각(玄覺)이 이를 두고 말하기를 "흥화의 안목이 어디에 있었을까? 만일 긍정하지 않는다면 허물이 어디에 있겠는가?"라고 하였다. 이에 시랑이 말하였다.

"흥화가 그렇게 대꾸한 것이 동광제를 긍정한 것인가, 긍정하지 않은 것인가 판단해 봐라."

승려들이 도를 이야기하는데 시랑이 불쑥 말하였다.

"사람이 도를 여의지 않아야 도를 널리 펼 수 있다. 대체로 참선하여 도를 배우는 이는 십이시 동안에 항상 관조해 보아야 된다.

보지 못했는가? 남전(南泉)이 말하기를 '30년 동안 한 마리의 검은 암소를 지켜 보아 남의 밭에 침입하면 곧 고삐를 끌어 돌이켰더니, 이제는 확 드러난 흰 소로 변해서 알몸으로 놓아 두어도 달아나지 않게 되었다.'라고 하였다.

帝以手舒幞頭脚。興化云。君王之寶誰敢酬價。玄覺云。秖如興化眼在什麼處。若不肯過在什麼處。侍云。興化恁麼秖對。是肯莊宗不肯莊宗。試辨看。因僧談道。侍郞遂云。道不離人人能弘道。大凡參學之人。十二時中長須照顧。不見南泉道。三十年看一頭水牯牛。若犯他人苗稼。摘鼻拽迴。如今變成露地白牛。裸裸地放他不肯去。

천성광등록 제18권에서 발췌하다

여러분들은 오래오래 정신을 바짝 차려라. 선도(禪道)를 말할 때에는 비치고 살피는 도리가 있다가 나물을 다듬거나 일을 할 때에는 없어진다고 말하지 말라. 마치 닭이 알을 품는 것 같이 할 것이니, 만일 알을 떠나서 일어나면 따뜻한 기운이 식어서 병아리가 되지 못한다. 지금의 삼라만상에 여섯 감관을 번거로이 요동시키다가, 살피는 일을 잊으면 몸과 목숨을 잃으리니 작은 일이 아니다.

이제 이 인연에 끄달리는 몸을 받고 태어나서 생사에 얽매이게 된 것은 대체로 티끌 수효같이 많은 겁으로부터 생멸하는 마음에 순응하였고, 또 흐름을 따라 굴러서 지금에 이르렀기 때문이라 하나 여러분들이여, 말해 봐라.

만일 일찍이 잃었던들 어찌 오늘에 이를 수가 있었으랴. 드러난 흰 소를 알고자 하는가? 시험 삼아 콧구멍을 잡아 끌어 봐라."

諸人長須著些精彩。不可說禪道之時便有箇照帶底道理。擇菜作務之時不可便無去也。如雞抱卵。若是拋離起去暖氣不接。便不成種子。如今萬境森羅。六根煩動。略失照顧。便喪身命不是小事。今來受此緣生。被生死繫縛。蓋為塵劫已來順生滅心。隨他流轉以至如今。諸人等且道。若曾喪失何以得至如今。要識露地白牛麼。試把鼻孔拽看。

시랑이 또 말하였다.

"현사(玄沙) 화상이 말하기를 '대당국(大唐國) 안에서 종문(宗門)의 법을 아무도 들추어 제창한 이가 없다.'라고 하였다. 누군가가 들추어 제창했다면 온 누리의 사람이 모두 생명을 잃었을 것이다. 이는 구멍 없는 무쇠방망이 같아서 일시에 칼날이 무뎌지고 혀가 굳어지리라. 말해 봐라. 이게 무슨 도리인가? 지금 주인이니 손이니를 세우고 두 조각 입술을 높여 손가락을 세우고 불자를 번쩍 들지만, 모두가 뒤바뀐 지견을 이루어 그대의 미친 뜻에 따라 그대에게 거듭 묻게 하고 있을 뿐이다.

만일 눈 밝은 사람 앞에서라면 어찌 그런 식으로 들어 보일 수 있으랴. 예컨대 노조(魯祖) 화상은 승려가 오는 것을 보면 얼른 벽을 향해 돌아앉았다.

侍郎云。玄沙和尚道。大唐國內宗門中事未曾有人舉唱。有人舉唱。盡大地人總失却性命。無孔鐵錘相似。一時亡鋒結舌去。且道是甚道理。如今假立箇賓主。動者兩片皮。竪起指頭。拈起拂子。總成顛倒知見。順汝狂意。教汝有箇申問處。若是明眼人前怎生拈掇得出。秖如魯祖和尚。見僧來便面壁。

그에 대해 장경(長慶)이 말하기를 '그렇게 사람을 제접하다가는 당나귀 해나 되어야 한 사람 얻을지 모른다. 나는 노조도 부끄러움을 모르는 노장이라 하노라.'라고 하였다. 이렇거늘 눈 밝은 사람이라면 어찌 긍정하리오.

이제 어쩔 수 없어서 그대들 여러 사람에게 뒤바뀐 지견을 보여 주노니 마치 수건을 매듭 지어 말[馬]을 만들고, 눈을 비비어 허공의 꽃을 보는 것 같다.

상조(上祖)께서 말씀하시기를 '부처의 지견을 열고, 부처의 지견을 보이고, 부처의 지견을 깨닫고, 부처의 지견에 들게 한다.'라고 하였으니 그가 그렇게 말함으로써 얼마나 많은 위광(威光)을 무색하게 했던가? 말해 봐라. 여러분에게 무엇이 부족한가? 아무리 그렇다 하여도 내가 이렇게라도 알려 주지 않거나 들려 주지 않는다면 그대들은 어디서 만나 보겠는가? 옛사람이 말하기를 '은혜를 아는 이는 적다.'라고 하였다.

長慶道。恁麼地接人。驢年得一箇去。我道。魯祖也秖是不識羞。是他明眼人又爭肯爾。今來事不獲已。與汝諸人作顚倒知見。一似結巾爲馬揑目生花。上祖道。箇開佛知見示佛知見悟佛知見入佛知見。敎他恁麼道。抑下多少威光。且道。諸人分上缺少箇什麼。雖然如此。我若不恁麼與汝知聞。爾又什麼處得見。古人道。知恩者少。

말해 봐라. 어떤 은혜를 받았던가? 이것을 밝히지 못하겠거든 돌기둥에게 물어 봐라."

시랑이 또 말하였다.

"이 일은 퍽이나 어려우니 석가모니께서도 21일 동안 생각한 끝에 열반에 들려 하다가 제석 범왕의 정성스런 세 차례의 청을 받아 마지못해 허락하셨다. 처음 녹원(鹿苑)에서부터 마지막 구시라(俱尸羅)성에 이르기까지 49년 동안 크게 불사를 일으키시니 오승(五乘)66)십이분교를 병에서 물을 따르듯 하셨다. 그러던 마지막에 영산회상에서 가섭을 굽어보시면서 대중에게 말씀하시기를 '나에게 정법안장(正法眼藏)이 있는데 가섭에게 전하노라.'라고 하셨다.

또 말씀하시기를 '나는 49년 동안 한 마디도 말한 것이 없다.'라고 하셨으니 이게 무슨 도리인가?

且道承箇甚人恩。於此不明問取露柱去。侍云。此事大難。釋迦老子三七日中思惟。便欲入涅槃。被帝釋梵王慇懃三請。不得已而許之。始自鹿苑終於俱尸羅城。中間四十九年大作佛事。說五乘十二分教。如瓶注水。後來於靈山會上。目視迦葉謂大眾云。吾有正法眼已付摩訶大迦葉。又云。我於四十九年中不曾說一字。此是什麼道理。

---

66) 오승(五乘) : 중생을 깨달음으로 인도하는 부처님의 다섯 가지 가르침. 인승(人乘), 천승(天乘), 성문승(聲聞乘), 연각승(緣覺乘), 보살승(菩薩乘).

만일 여러분의 분상에 한 글자라도 둘 곳이 있다 하겠는가? 여러분은 기특함이 있다 하겠는가? 기특한 것이라고 할 때 벌써 옳지 않다. 나는 말하기를 '석가는 패전의 장수요, 가섭은 몸과 목숨을 잃은 사람이라.'라고 하노니, 그대들 여러분은 어떻게 생각하는가? 옛사람의 말을 듣지 못했는가? 열반과 생사는 모두가 잠꼬대요, 부처와 중생은 다 군소리라 하였으니, 바로 이렇게 알지언정 밖을 향해 달려 구하지 말라. 만일 이 이치를 모른다면 여러분들이 헛수고를 적지 않게 하리라고 감히 말하리라."

시랑이 다시 조론(肇論)에 '만물과 일치한 자신이 된 이는 오직 성인뿐이다'라고 한 구절을 들어 말하였다.

"지금 눈앞에 산하와 나무와 사람이 대지에 가득한데 그와 같은가, 다른가?

若是諸人分上著一字脚不得。爲諸人各各有奇特事在。喚作奇特早是不中也。我道釋迦是敗軍之將。迦葉是喪身失命底人。汝等諸人且怎生會。不見道。涅槃生死俱是夢言。佛與眾生並爲增語。直須恁麼會取不要向外馳求。若也於此未明。敢道諸人乖張不少。侍擧肇論云。會萬物爲己者。其唯聖人乎。如今山河大地樹木人物搋搋地是同是別。

같다고 말하면 저 여러 가지 물건이 제각기 다르니 어찌하며, 다르다 하려면 옛사람이 말하기를 '만물과 일치한 자신이라야 된다.'라고 했으니, 어떻게 해야 일치하게 되겠는가?

교리에서도 말하기를 '한 사람이 참마음을 내어 근원에 돌아가면 시방 허공이 모두 녹는다.'라고 했고, 어떤 고덕은 말하기를 '어떤 사람이 자기의 마음을 깨달아 알면 온 누리에 한 치의 흙도 없다.'라고 하였으니 이게 무슨 도리인가? 당장에 시방세계가 온통 그대의 외짝 눈이요, 여러 부처님과 온갖 중생들이 모두 그대의 위광 속의 건립된 것임을 바로 믿어서 깨달아야 된다."

시랑이 임종하기 하루 전에 손수 게송을 써서 집사람에게 주어 다음 날 이부마(李附馬)에게 전하라 했는데, 그 게송은 다음과 같다.

若道同去。是他頭頭物物各各不同。若道別去。他古人又道會萬物爲己。且怎生會。秖如教中說。若有一人發真歸元。十方虛空一時銷殞。古德亦云。若人識得心。大地無寸土。此是甚道理。直下盡十方世界是汝一隻眼。一切諸佛天人群生類盡承汝威光建立。須是信得及方得。侍郎臨終前一日。親寫一偈與家人。令來日送達李附馬處。偈曰。

거품이 일었다 꺼지는 것
두 가지가 본래부터 동일한 법이니
참으로 돌아갈 곳을 알고자 하는가
조주(趙州) 동원(東院)의 서쪽일세

이부마가 게송을 받고는 태산묘(泰山廟)에 가서 지전(紙錢)[67]을 샀다.

漚生與漚滅
二法本來齊
欲識眞歸處
趙州東院西
尉接得偈云。泰山廟裏賣紙錢。

---

67) 지전(紙錢) : 종이돈으로 죽은 사람이 저승 가는 길에 노자로 쓰라는 뜻으로 관 속에 넣는다.

경덕전등록 발(跋)

이 『경덕전등록』은 원래 호주(湖州) 철관음원(鐵觀音院)의 승려 공진(拱辰)이 지은 것이다.

책이 다 되어 그것을 가지고 위에 보이려고 서울로 가는 도중에, 어떤 한 승려를 만나 동행하게 되었다. 이로 인해 그에게 보였더니 그날 저녁에 그 승려가 짊어지고 달아나 버렸다.

그래도 서울에 갔는데, 도원(道原)이라는 승려가 이미 바쳐서 상을 탄 뒤였다. 이 사실은 마치 곽상(郭象)이 향수(向秀)의 장자주(莊子註)를 훔친 것과도 같다.

이에 공진이 말하기를 "나의 뜻은 불조(佛祖)의 도를 밝히려는 것인데 일은 이미 시행되었으니, 이름이야 누구에게 있건 한 가지이다.

跋。右景德傳燈錄本。住湖州鐵觀音院僧拱辰所撰。書成將游京師投進途中與一僧同舟。因出示之。一夕其僧負之而走。及至都則道原者已進而被賞矣。此事與郭象竊向秀莊子註同。拱辰謂。吾之意欲明佛祖之道耳。夫既已行矣。在彼在此同。

내가 어찌 명예를 위할 것인가."라고 하며 다시는 입을 떼지 않았으니, 공진의 마음 씀이 이와 같았다. 이 일은 공자(孔子)의 누군가가 활을 잃으면 누군가가 얻는다는 이야기와 비슷하니, 주고받는 절차에 사사로움이 용납되지 않는다.

그리고 양문공(楊文公)이 법안(法眼)을 갖추어 교정하였기에 이 책이 더욱 믿을 만한 것이요, 저 속등록(續燈錄)이 스님네를 보내어 사실을 수집하는 동안 돈을 받고 이름을 실어 주어 진실을 어지럽힌 일과는 다르다.

혹 어떤 이는 의심하기를 "불조의 전법게(傳法偈)는 번역해 전한 사람이 없다."라고 하는데, 이는 여름 벌레가 봄과 가을을 모르는 말이다. 불조가 아무리 전함이 없이 전했다 하나 전해준 인연들을 어찌 모른다 하겠는가?

또 달마는 정변지(正遍知)를 갖춘 분이어서 서역과 중화(中華)의 말을 모두 환히 깨쳤다.

吾其爲名利乎。絕不復言。拱辰之用心如此。與吾孔子人亡弓人得之之意同。其取與必無容私。又得楊文公具擇法眼以爲之刪定。此其書所以可信。與夫續燈錄遣僧採事而受金廁名以亂眞者間矣。或者猶疑佛祖傳法偈無傳譯之人。此夏虫不知春秋也。佛祖雖曰傳無傳。至付授之因豈容不知。又達磨具正遍知。華竺之言蓋悉通曉。

그의 문답을 보더라도 어디 번역해서 전한 티가 있던가? 이는 마치 세상의 어리석은 사람들이 교리 밖에 따로 전하고 문자를 세우지 않았다는 말을 듣고는 문득 의혹하기를 『능가경(楞伽經)』은 송(宋) 때에 벌써 있었던 것이지 달마가 비로소 가지고 온 것이 아니라 하는 것과 같으니, 이 어찌 딱한 일이 아니랴.

복주(福州) 대중사(大中寺)의 지장(知藏)으로 있는 스님이 전란이 있은 뒤에 서적이 없어져 도법의 존속이 어렵다고 여겨, 시주를 걷어 이 책을 다시 펴서 승속이 열람하게끔 편의를 제공하고, 나에게 찾아와서 서문을 써 달라기에 책 뒤에다 이렇게 적는다.

소흥(紹興) 임자(壬子) 첫 겨울 달 10일에 장락(長樂) 정앙(鄭昂)이 쓴다.

觀其答問安有傳譯者哉。此如世愚人謂敎外別傳不立文字。便疑楞伽經宋已有之。非達磨携至。豈不悖哉。福州大中寺知藏僧正自以寇亂而來文籍道厄。募緣再刊此書以便道俗齋覽。扣余爲序。因書其後。紹興壬子初冬十日長樂鄭昂題。

경덕전등록 소(疏)

도의 근본이 비어서 진리에는 '나'가 없건만 이름과 형상을 취하고, 신령스런 기틀이 일으킨 지혜에는 '나'가 없건만 화신의 통달함을 머금었다. 온통인 생각의 근본 근원을 깊이 사무치니 여섯 이치가 모두 신기한 작용을 갖추어 이룬다. 호흡을 할 때에 콧속이 상쾌하듯이, 부처님의 입에서 나온 것들이 두리번거리는 사이와 손끝을 튕기는 틈에도 훤해져서, 우레 소리에 벌레가 크게 입을 떼는 것 같고, 찬란한 안개가 표범 같은 채색을 이루는 것 같다.

제방 납자들의 전기는 일등 장부들이 지은 바이니, 달마는 오실 때에 문자를 세우지 않았으나 위음(威音) 부처님 이후로 전해 받는 절차가 필요하였다.

疏道樞中虛理不我。取其名像。靈機內發智不我。囚其化通。一念深徹本源。六義具成神用。出氣鼻快。從佛口生。轉昑之間彈指之頃。廓若雷龍破蟄。炳如霧豹變文。諸方衲子之傳。一等丈夫之作。達磨來不立文字。威音後須要師承。

부처의 증험이 부처의 증험에 합하니 법규와 법규가 들어맞고, 마음으로 마음을 인가하니 말과 침묵이 모두 통달한데 이른다. 등불과 등불이 불꽃을 이으니 끊임없이 세상을 비추는 광명을 전하고, 잎과 잎이 번성하니 신령스런 종자를 마르지 않게 하는 봄빛을 이어감이다. 조사의 계보를 이어가니 누구의 종풍을 계승했는가? 면면히 발자취를 따르는 사람이 분명히 집안을 일으키는 자손들이다.

강하고 부드러운 법도여, 백 번 달군 쇠가 번쩍번쩍함이요, 죽인다 해도 변할 수 없음이여, 품에 안은 박옥(璞玉)을 세 번 바쳐 뜻을 이룸일세. 가히 기약할 수 없음이여, 못을 파서 달을 건지기요, 계합하기 어려움이여, 겨자씨에 바늘을 던져서 맞추기일세. 칼이 집에서 나오면 광채를 뿜으니, 가르침의 길에 들어서서는 그릇을 이루게 하며, 스스로가 얻어 수용해서는 서로 증득한 바를 밝힌다.

符合符而規矩相投。心印心而語默俱到。燈燈續焰。分照世不斷之光明。葉葉聯芳。綴靈種不枯之春色。嗣連祖譜師紹誰宗。綿綿踵武之人。的的克家之子。剛柔可則。爛爛憐百鍊之金。劖黜不移。區區抱三獻之璞。不可期也。開池得月。難其契也。擲芥投針。出爐鞴而放光。入鉗鎚而成器。自得受用相求證明。

치치화화(哆哆啝啝), 혀 끝에 털이 돋게도 하고, 뇌뢰낙락(磊磊落落)[68], 머리끝까지 땀이 나도록 다그치기도 한다. 주먹을 내림에 가히 두려운 그 용맹이여, 찰나에 범의 수염을 잡아끌고, 방망이 치는 기세의 재빠름이여, 뱀을 희롱하는 수단을 보누나. 형상을 베품에 원만하게도 모자라게도 하여 응하여 씀에 알맞게 합하고, 바르고 치우침을 가지런히 하여 기틀 가운데 법도에 맞게 한다.

털끝만큼 어긋남에 천지의 차가 생기고, 싸라기만큼이라도 부정하면 파리 떼가 끓는다. 보고 들음 없이 마군을 항복시키니 원래 예삿 무리가 아니요, 혼자서 부르고 응하여 주인이 되어 지으니 분명하고 분명하다 하리라. 멜대 끝에는 온갖 일을 꿰어 달고, 포대 속에는 갖가지 물건을 넣는다.

哆哆啝啝底。放教舌上毛生。磊磊落落底。拶使額頭汗出。下拳可畏。其勇却來捋虎髭鬚。擔棒作勢且驚看取。弄蛇手段。相分圓缺應用合宜。位列正偏隨機中矩。毫氂有差而天地懸隔。絲糝未淨而蠅螳留連。不聞不見以降魔。箇非泛泛。自呼自應而作主。許是惺惺。區擔頭事事挑來。布袋裏般般著得。

---

68) 뇌뢰낙락(磊磊落落) : 큰 소리가 사방에 들리는 모양, 또는 공명정대하다, 명백하다, 도량이 넓다는 뜻으로 쓰이는 말.

길다 하고 짧다 할 것은 나에게 달렸으니 보공(寶公)의 지팡이 끝에 칼이요, 음악을 연주하는 것은 누구의 짓이겠는가. 만회(萬回)의 품안에 든 꽃북이다.

스님네는 버들가지를 일으키고, 대사(大士)는 손뼉을 치면서 노래를 부른다. 봉을 잡고 자라를 낚는 일 본분의 공부요, 조개와 굴을 따는 짓 평생에 즐거운 삶이다.

벽돌을 갈아 사람을 제접하는 묘리와 송곳 끝을 세워 대하는 방법은 번개같이 휘두르는 기틀의 바퀴요, 바람결 같은 문답이다. 풀밭을 두드려 뱀을 놀라게 하는 구절은 장대 그림자로 탐지하는 공력(功力)이어서 밖에서 닭이, 안에서 새끼가 동시에 쪼음이요, 마음눈이 마주 비침이다.

마음껏 마음대로 하여 허물이 없고, 평탄한 생각으로 거침없이 하여 걸림이 없다. 출가해서 행각한 인연과, 앉아서 해탈하고 서서 죽는 시절을 서책에 기록하니, 옛사람을 보는 것 같아 가히 후학들의 귀감이 될 만하다.

短長在我。寶公杖頭剪刀。節奏由誰。萬回懷中花鼓。僧伽楊枝擧起。大士拍板歌行。網鳳釣鼇也本分工夫。撈摝蝦蜆也平生快活。應接磨礱之妙。對酬錐鑿之方。電卷之機輪。風馳之問答。打草驚蛇之句。探竿影草之功。啐啄同時。心目相照。任運騰騰而無累。平懷坦坦而不羈。出家行脚之因緣。坐脫立亡之時節。紀之編簡如見古人。將以著龜可格後學。

신기로운 계합의 경지에 나아가려면 행여 말로써 구하지 말라. 입과 귀만으로 퍼뜨리다가는 몸과 마음의 장애를 이룰까 걱정이다.

비구 사감(思鑑)이 이 일을 오래 생각하기를 조사의 등불 전함은 인가(印可)법을 이루고자 한 것이니, 눈으로 볼 때에는 푸르고 흰 빛을 분명히 가려야 되지만 입을 열어서는 암컷 수컷을 따지지 말라. 쓸모없는 이야기 구덩이에서 스스로가 속박되지 말라. 담판한(擔版漢)처럼 남의 비웃음을 꺼리지 않는다. 도가 같은 이에게 이를 주어 같이 인연을 맺고자 한다.

천동(天童) 굉지(宏智) 화상 지음

當諧神契愼勿言求。恐口耳之流通為身心之障碍。比丘思鑑久軫此懷。阿祖傳燈欲成其印。入眼要分青白。開口莫亂雌黃。葛藤窠無作自纏。擔版漢不嫌人喚。輒投同道相與結緣。天童宏智和尚譔

경덕전등록 후서(後序)

좌조 봉대부 충 우문전 수찬 권발견 태주 군주사(左朝奉大夫充右文殿修撰權發遣台州軍州事) 유비(劉斐) 지음

『전등록』이 출판된지는 오래되었으나 난리가 난 이래 그 판본이 타버려서 심종(心宗)을 흠모하는 이는 그 책이 없는 것을 섭섭해 하였다.

이에 승려 사감(思鑑)은 무주(婺州) 사람으로서 짚신을 끌고 도를 찾기 30년이었는데 다른 사람들도 함께 열반의 묘한 마음을 깨닫게 하고자 하여 도움이 될 것을 생각하였다. 그리하여 청정 시주를 널리 모아 다시 그 판을 새기니 승속이 찬탄하여 힘을 합쳐 완성하였다.

景德傳燈錄後序。左朝奉大夫充右文殿修撰權發遣台州軍州事劉斐譔。

傳燈錄鏤行舊矣。兵興以來其版灰飛。慕心宗者患無其書。僧思鑑婺人也。芒屩訪道三十年矣。亦欲人同悟涅槃妙心。而思有以資發之也。廣募淨信。復鏤其板。緇素贊歎而助成焉。

혹 어떤 이는 말하기를 "마음의 법은 형상이 없어 남에게 얻는 것이 아니다. 시조 석가여래 이후로 어느 한 조사도 잠잠히 계합하여 스스로 깨닫지 않은 이가 없으니, 그러기에 달마는 마음을 곧장 가리켜 문자를 세우지 않는다 하였으니 소림(少林)에서 벽을 향해 9년 동안 있었다. 제아무리 2조가 눈 위에서 팔을 끊어도 한 마디도 일러 주지 않고, 오직 그의 잘못된 지견만을 막아 주었을 뿐이다. 2조는 이로 인해 바른 지견을 얻어 활짝 깨달았으니, 2조도 달마의 말에 의해 깨달은 것이 아니요, 스스로가 증득한 것이다.

또 백장(百丈)이 자리를 걷은 것, 설봉(雪峯)이 털공을 굴린 것, 노조(魯祖)가 벽을 향해 앉은 것, 석공(石鞏)이 화살을 멘 것, 도오(道吾)가 춤을 춘 것, 조과(鳥窠)가 털을 분 것, 구지(俱胝)가 손가락을 세운 것 등 고덕들이 이렇게 사람들께 보인 것이 퍽 많은 까닭은 말에 있지 않기 때문이다.

或曰。自心之法無形。不從人得。初祖釋迦而降。無一祖師非默契而自證者。故達磨直指不立文字。少林九年面壁而已。雖二祖立雪斷臂。一字亦不爲說。但遮其知見之非。二祖因是得正知見。豁然大省。則二祖亦不從達磨言句中入逈自證也。且百丈卷席。雪峯輥毬。魯祖面壁。石鞏駕箭。道吾舞笏。鳥窠吹布毛。俱胝擧一指。古德如此示人甚多。不在言句之間故也。

말도 그렇거늘 하물며 문자이겠는가? 마음의 법은 스스로가 참구해 깨달아야 될 뿐이다. 조사의 말씀이 나에게 무슨 필요가 있으랴."라고 한다.

그러나 나는 그렇지 않다고 하노니, 마음의 법이 형상이 없기는 하나 온갖 곳에 두루한다. 푸른 대는 진여요, 노란 꽃은 반야요, 개구리 소리는 기틀을 발하게 하고, 거문고 소리로 마음을 전한다. 그리하여 담과 기왓쪽까지도 설법하지 않는 것이 없다.

그러므로 영운(靈雲)은 복사꽃을 보고 도를 깨달았고, 현사(玄沙)는 "제비 소리가 실상(實相)을 깊이 말한다."라고 하였다. 그렇다면 온 누리가 모두 깨달음의 문이다. 어느 것이 도가 아니랴. 하물며 마음의 법을 밝힌 문자겠는가? 하물며 마음의 법을 밝히는 문자를 실은 것이겠는가?

이 두 가지가 마음법의 과위에 과연 아무 도움이 안되겠는가?

言句且爾。況文字乎。心宗要當自參。祖師言句於我何與焉。余曰。不然。心法雖曰無形。然遍一切處。翠竹眞如也。黃花般若也。蛙蚓發機。管絃傳心。乃至牆壁瓦礫無非說法。故靈雲見桃花悟道。玄沙謂語燕深談實相。然則大地皆是悟門。孰非此道。況明心宗言句乎。況載明心宗文字乎。若二者於心宗果無與耶。

천복고(薦福古)는 어째서 『운문록(雲門錄)』을 보다가 깨달았으며, 황룡심(黃龍心)은 어찌하여 다복(多福)의 어록을 읽다가 깨달았겠는가? 대체로 언어의 형상이 고요하고 문자의 성품이 공하기 때문이니 이것이 그대로 도이니라. 만일 언구와 문자에 의하여 성품의 공적함을 깨닫는다면 이는 바로 한 번 뛰어서 곧장 들어가는 것이다. 그러기에 나는 이 책의 퍼짐이 마음바탕을 밝히는 일에 거울이 된다 여기노라.

　또 사감이 화주를 할 때에 태주(台州)의 영해읍(寧海邑) 사람 주(周)씨가 찬탄하기를 "나의 땅에 큰 배나무가 있어 3대를 묵었는데 요즘 우리 식구들이 제각기 꿈에서, 그 나무 위에 큰 집이 즐비하고, 그 안에 무수한 승려들이 왕래하는 것을 보고 늘 궁금했는데, 이제 보니 이 책을 새길 징조였다는 것을 깨달았다."라고 하고, 그 나무를 희사하여 판목으로 쓰게 하였다.

薦福古何為閱雲門錄而省。黃龍心何為讀多福語而悟。蓋言詞相寂文字性空。亦此道耳。若即言句文字而見性相之空寂。是乃一超而直入也。吾故知是書之流布。發明心地者眾矣。且鑒之募緣也。台之寧海邑民周氏歎曰。吾地有大梨木。閱三世矣。比歲我家之人各嘗夢。其上有樓閣行廡。而無數僧往來於其間。每疑之。乃今方悟當刊此錄耶。遂捨以析版。

그리고는 사감을 집으로 불러 공사를 진행하게 했는데 다 새기고 나니, 주씨의 꿈에 스님네 여섯이 와서 다 새긴 것을 보여 달라고 하였다. 이에 주씨가 사감에게 묻기를 "그 분들이 어떤 스님네일까요?" 하니, 사감이 말하기를 "그는 6대까지 법을 전하시던 여섯 조사께서 와서 이 불사를 증명하신 것이오."라고 하였다.

아! 이 책은 하나의 큰일을 위해 보탬이 될 것임에 의당 이런 감응하는 상서가 나타나 사람들의 마음을 깨우쳐 준 것이리라. 그러므로 나는 여기에다 곁들여서 보는 이로 하여금 작은 인연이 아님을 알게 하여, 그의 신심을 더욱 견고히 하게 하노라.

소흥(紹興) 4년 상원(上元, 정월 보름)에 등자암(等慈菴)에 사는 선남자, 수양(睢陽) 유비(劉棐) 중침(仲忱)은 서(序) 한다.

且邀鑒即其家傲工而刻之。既刻。周氏夢六僧求已刻者觀焉。周問鑒曰。此何僧耶。鑒曰。此六代傳衣祖師特來證明此事也。嗚呼是書用為一大事。則宜有感發之祥以發寤人心。余故并列之。庶觀者知非小緣而堅其信心云。紹興四年上元日。等慈菴善男子睢陽劉棐仲忱序。

색 인 표

ㄱ

가경(제9세)(24권)
가관 선사(19권)
가나제바(2권)
가문 선사(16권)
가비마라(1권)
가선 선사(26권)
가섭불(1권)
가야사다(2권)
가지 선사(10권)
가홍 선사(26권)
가훈 선사(26권)
가휴 선사(19권)
가휴(제2세)(24권)
간 선사(22권)
감지 행자(10권)
감홍 선사(15권)
강 선사(21권)
거방 선사(4권)
거회 선사(16권)
건봉 화상(17권)
계학산 화상(19권)
견숙 선사(8권)
겸 선사(20권)
경 선사(23권)
경산 감종(10권)
경산 홍인(11권)
경상(관음원)(26권)
경상(숭복원)(26권)
경소 선사(26권)
경여(제2세)(24권)
경잠 초현(10권)
경조 현자(17권)
경조미 화상(11권)
경준 선사(25권)
경진 선사(26권)
경탈 화상(22권)
경탈 화상(29권)

경통 선사(12권)
경현 선사(26권)
경혜 선사(15권)
경흔 선사(16권)
계눌 선사(21권)
계달 선사(24권)
계번 선사(19권)
계여 암주(21권)
계유 선사(23권)
계조 선사(25권)
계종 선사(24권)
계침 선사(21권)
계허 선사(10권)
고 선사(12권)
고사 화상(8권)
고정 화상(10권)
고정간선사(16권)
고제 화상(9권)
곡산 화상(23권)
곡산장 선사(16권)
곡은 화상(15권)
공기 화상(9권)
곽산 화상(11권)
관계 지한 선사(12권)
관남 장로(30권)
관음 화상(22권)
관주 나한(24권)
광 선사(14권)
광과 선사(23권)
광달 선사(25권)
광덕(제1세)(20권)
광목 선사(12권)
광법 행흠(24권)
광보 선사(13권)
광산 화상(23권)
광오 선사(22권)
광오(제4세)(17권)
광용 선사(12권)

광우 선사(24권)
광원 화상(26권)
광인 선사(15권)
광인 선사(17권)
광일 선사(20권)
광일 선사(25권)
광제 화상(20권)
광징 선사(8권)
광혜진 선사(13권)
광화 선사(20권)
괴성 선사(26권)
교 화상(12권)
교연 선사(18권)
구 화상(24권)
구나함모니불(1권)
구류손불(1권)
구마라다(2권)
구봉 도건(16권)
구봉 자혜(11권)
구산 정원(10권)
구산 화상(21권)
구종산 화상(15권)
구지 화상(11권)
굴다삼장(5권)
귀 선사(22권)
귀본 선사(19권)
귀신 선사(23권)
귀인 선사(20권)
귀정 선사(13권)
귀종 지상(7권)
규봉 종밀(13권)
근 선사(26권)
금륜 화상(22권)
금우 화상(8권)
기림 화상(10권)

ㄴ

나찬 화상(30권)

나한 화상(11권)
나한 화상(24권)
낙보 화상(30권)
남대 성(21권)
남대 화상(20권)
남악 남대(20권)
남악 회양(5권)
남원 화상(12권)
남원 화상(19권)
남전 보원(8권)
낭 선사(23권)
내 선사(22권)
녹 화상(21권)
녹수 화상(11권)
녹원 화상(13권)
녹원휘 선사(16권)
녹청 화상(15권)

ㄷ

다복 화상(11권)
단기 선사(23권)
단하 천연(14권)
달 화상(24권)
담공 화상(12권)
담권(제2세)(20권)
담명 화상(23권)
담장 선사(8권)
담조 선사(10권)
담최 선사(4권)
대각 선사(12권)
대각 화상(12권)
대동 선사(15권)
대랑 화상(23권)
대력 화상(24권)
대령 화상(17권)
대모 화상(10권)
대범 화상(20권)
대비 화상(12권)

색인표 269

색 인 표

대승산 화상(23권)
대안 선사(9권)
대양 화상(8권)
대육 선사(7권)
대의 선사(7권)
대전 화상(14권)
대주 혜해(6권)
대천 화상(14권)
덕겸 선사(23권)
덕부 스님(29권)
덕산 선감(15권)
덕산(제7세)(20권)
덕소 국사(25권)
덕해 선사(22권)
도 선사(21권)
도간(제2세)(20권)
도건 선사(23권)
도견 선사(26권)
도겸 선사(23권)
도광 선사(21권)
도단 선사(26권)
도림 선사(4권)
도명 선사(4권)
도명 선사(6권)
도부 선사(18권)
도부 대사(19권)
도상 선사(10권)
도상 선사(25권)
도수 선사(4권)
도신 대사(3권)
도연 선사(20권)
도오(관남)(11권)
도오(천황)(14권)
도원 선사(26권)
도유 선사(17권)
도은 선사(21권)
도은 선사(23권)
도응 선사(17권)

도자 선사(26권)
도잠 선사(25권)
도전 선사 (17권)
도전(제12세)(24권)
도제(제11세)(26권)
도통 선사(6권)
도한 선사(17권)
도한 선사(22권)
도행 선사(6권)
도헌 선사(12권)
도흠 선사 (25권)
도흠 선사(4권)
도흠(제2세)(24권)
도희 선사(21권)
도희 선사(22권)
동계 화상(20권)
동봉 암주(12권)
동산 양개(15권)
동산혜 화상(9권)
동선 화상(19권)
동안 화상(8권)
동안 화상(16권)
동정 화상(23권)
동천산 화상(20권)
동탑 화상(12권)
둔유 선사(17권)
득일 선사(21권)
등등 화상(30권)

ㄹ

라후라다(2권)

ㅁ

마나라(2권)
마명 대사(1권)
마조 도일(6권)
마하가섭(1권)
만 선사(22권)

만세 화상(9권)
만세 화상(12권)
명 선사(17권)
명 선사(22권)
명 선사(23권)
명교 선사(22권)
명달소안(제4세)(26)권
명법 대사(21권)
명변 대사(22권)
명식 대사(22권)
명오 대사(22권)
명원 선사(21권)
명진 대사(19권)
명진 선사(21권)
명철 선사(7권)
명철 선사(14권)
명혜 대사(24권)
명혜 선사(22권)
모 화상(17권)
자사진조(12권)
몽계 화상(8권)
몽필 화상(19권)
묘공 대사(21권)
묘과 대사(21권)
무등 선사(7권)
무료 선사(8권)
무업 선사(8권)
무염 대사(12권)
무원 화상(15권)
무은 선사(17권)
무일 선사(24권)
무주 선사(4권)
무휴 선사(20권)
문 화상(22권)
문수 선사(17권)
문수 선사(25권)
문수 화상(16권)
문수 화상(20권)

문습 선사(24권)
문언 선사(19권)
문의 선사(21권)
문익 선사(24권)
문흠 선사(22권)
문희 선사(12권)
미령 화상(12권)
미령 화상(8권)
미선사(제2세)(23권)
미차가(1권)
미창 화상(12권)
미창 화상(14권)
민덕 화상(12권)

ㅂ

바사사다(2권)
바수밀(1권)
바수반두(2권)
박암 화상(17권)
반산 화상(15권)
반야다라(2권)
방온 거사(8권)
배도 선사(30권)
배휴(12권)
백거이(10권)
백곡 화상(23권)
백령 화상(8권)
백수사화상(16권)
백운 화상(24권)
백운약 선사(15권)
범 선사(20권)
범 선사(23권)
법건 선사(26권)
법괴 선사(26권)
법단 대사(11권)
법달 선사(5권)
법등 태흠(30권)
법만 선사(13권)

색 인 표

법보 선사(22권)
법상 선사(7권)
법운 대사(22권)
법운공(27권)
법응 선사(4권)
법의 선사(20권)
법제 선사(23권)
법제(제2세)(26권)
법지 선사(4권)
법진 선사(11권)
법해 선사(5권)
법현 선사(24권)
법회 선사(6권)
변륭 선사(26권)
변실(제2세)(26권)
보 선사(22권)
보개산 화상(17권)
보개약 선사(16권)
보광 혜심(24권)
보광 화상(14권)
보리달마(3권)
보만 대사(17권)
보명 대사(19권)
보문 대사(19권)
보봉 신당(17권)
보봉 화상(15권)
보수 화상 (12권)
보수소 화상(12권)
보승 선사(24권)
보안 선사(9권)
보운 선사(7권)
보응 화상(12권)
보적 선사(7권)
보지 선사(27권)
보철 선사(7권)
보초 선사(24권)
보화 화상(10권)
보화 화상(24권)

복계 화상(8권)
복룡산(제1세)(17권)
복룡산(제2세)(17권)
복룡산(제3세)(17권)
복림 선사(13권)
복분 암주(12권)
복선 화상(26권)
복수 화상(13권)
복타밀다(1권)
본계 화상(8권)
본동 화상(14권)
본선 선사(26권)
본인 선사(17권)
본정 선사(5권)
봉 선사(11권)
봉 화상(23권)
봉린 선사(20권)
부강 화상(11권)
부나야사(1권)
부배 화상(8권)
부석 화상(11권)
불암휘 선사(12권)
불여밀다(2권)
불오 화상(8권)
불일 화상(20권)
불타 화상(14권)
불타난제(1권)
붕언 대사(26권)
비 선사(20권)
비구니 요연(11권)
비마암 화상(10권)
비바시불(1권)
비사부불(1권)
비수 화상(8권)
비전복 화상(16권)

ㅅ

사 선사(23권)

사건 선사(17권)
사구 선사(26권)
사귀 선사(22권)
사내 선사(19권)
사눌 선사(21권)
사명 선사(12권)
사명 화상((15권)
사밀 선사(23권)
사보 선사(23권)
사선 화상(16권)
사야다(2권)
사언 선사(17권)
사욱 선사(18권)
사위 선사(20권)
사자 존자(2권)
사정 상좌(21권)
사조 선사(10권)
사지 선사(26권)
사진 선사(22권)
사해 선사(11권)
사호 선사(26권)
삼상 화상(20권)
삼성 혜연(12권)
삼양 암주(12권)
상 선사(22권)
상 화상(22권)
상각 선사(24권)
상관 선사(9권)
상나화수(1권)
상전 화상(26권)
상진 선사(23권)
상찰 선사(17권)
상통 선사(11권)
상혜 선사(21권)
상홍 선사(7권)
서 선사(19권)
서륭 선사(25권)
서목 화상(11권)

서선 화상(10권)
서선 화상(20권)
서암 화상(17권)
석가모니불(1권)
석경 화상(23권)
석구 화상(8권)
석두 희천(14권)
석루 화상(14권)
석림 화상(8권)
석상 경제(15권)
석상 대선 (8권)
석상 성공(9권)
석상휘 선사(16권)
석제 화상(11권)
석주 화상(16권)
선각 선사(8권)
선도 선사(20권)
선도 화상(14권)
선미(제3세)(26권)
선본 선사(17권)
선상 대사(22권)
선소 선사(13권)
선소 선사(24권)
선자 덕성(14권)
선장 선사(17권)
선정 선사(20권)
선천 화상(14권)
선최 선사 (12권)
선혜 대사(27권)
설봉 의존(16권)
성공 선사(14권)
성선사(제3세)(20권)
성수엄 선사(17권)
소 화상(22권)
소계 화상(30권)
소명 선사(26권)
소산 화상(30권)
소수 선사(24권)

색인표 271

색 인 표

소암 선사(25권)
소요 화상(8권)
소원(제4세)(24권)
소자 선사(23권)
소종 선사(12권)
소진 대사(12권)
소현 선사(25권)
송산 화상(8권)
수 선사(24권)
수계 화상(8권)
수공 화상(14권)
수눌 선사(19권)
수눌 선사(26권)
수당 화상(8권)
수로 화상(8권)
수룡산 화상(21권)
수륙 화상(12권)
수빈 선사(21권)
수산 성념(13권)
수안 선사(24권)
수월 대사(21권)
수유산 화상(10권)
수인 선사(25권)
수진 선사(24권)
수청 선사(22권)
순지 대사(12권)
숭 선사(22권)
숭교 대사(23권)
숭산 화상(10권)
숭은 화상(16권)
숭진 화상(23권)
숭혜 선사(4권)
습득(27권)
승 화상(23권)
승가 화상(27권)
승가난제(2권)
승광 화상(11권)
승나 선사(3권)

승둔 선사(26권)
승밀 선사(15권)
승일 선사(16권)
승찬 대사(3권)
시기불(1권)
시리 선사(14권)
신건 선사(11권)
신당 선사(17권)
신라 청원(17권)
신록 선사(23권)
신수 선사(4권)
신안 국사(18권)
신장 선사(8권)
신찬 선사(9권)
실성 대사(22권)
심 선사(23권)
심철 선사(20권)
쌍계전도자(12권)

ㅇ

아난 존자(1권)
악록산 화상(22권)
안선사(제1세)(20권)
암 화상(20권)
암두 전활(16권)
암준 선사(15권)
앙산 혜적(11권)
애 선사(23권)
약산 유엄(14권)
약산(제7세)(23권)
약산고 사미(14권)
양 선사(6권)
양 좌주(8권)
양광 선사(25권)
양수 선사(9권)
언단 선사(22권)
언빈 선사(20권)
엄양 존자(11권)

여눌 선사(15권)
여만 선사(6권)
여민 선사(11권)
여보 선사(12권)
여신 선사(22권)
여체 선사(19권)
여회 선사(7권)
역촌 화상(12권)
연 선사(21권)
연관 선사(24권)
연교 대사(12권)
연규 선사(25권)
연덕 선사(26권)
연무 선사(17권)
연수 선사(26권)
연수 화상(23권)
연승 선사(26권)
연종 선사(19권)
연화(제2세)(23권)
연화상(제2세)(23권)
영 선사(19권)
영가 현각(5권)
영각 화상(20권)
영감 선사(26권)
영감 화상(23권)
영관사(12권)
영광 선사(24권)
영규 선사(15권)
영도 선사(5권)
영명 대사(18권)
영묵 선사(7권)
영서 화상(13권)
영숭(제1세)(23권)
영안(제5세)(26권)
영암 화상(23권)
영엄 선사(23권)
영운 지근(11권)
영준 선사(15권)

영초 선사(16권)
영태 화상(19권)
영평 선사(23권)
영함 선사(21권)
영훈 선사(10권)
오공 대사(23권)
오공 선사(24권)
오구 화상(8권)
오운 화상(30권)
오통 대사(23권)
온선사(제1세)(20권)
와관 화상(16권)
와룡 화상(17권)
와룡 화상(20권)
왕경초상시(11권)
요 화상(23권)
요각(제2세)(21권)
요공 대사(21권)
요산 화상(11권)
요종 대사(21권)
용 선사(20권)
용수 존자(1권)
용계 화상(20권)
용광 화상(20권)
용담 숭신(14권)
용산 화상(8권)
용아 거둔(17권)
용운대 선사(9권)
용준산 화상(17권)
용천 화상(23권)
용청 선사(26권)
용혈산 화상(23권)
용회 도심(30권)
용흥 화상(17권)
우녕 선사(26권)
우두미 선사(15권)
우바국다(1권)
우섬 선사(26권)

색 인 표

우안 선사(26권)
우연 선사(21권)
우연 선사(22권)
우진 선사(26권)
운개 지한(17권)
운개경 화상(17권)
운산 화상(12권)
운암 담성(14권)
운주 화상(20권)
운진 선사(23권)
원 선사(22권)
원 화상(23권)
원광 선사(23권)
원규 선사(4권)
원명 선사(11권)
원명(제3세)(23권)
원명(제9세)(22권)
원소 선사(26권)
원안 선사(16권)
원엄 선사(19권)
원제 선사(26권)
원조 대사(23권)
원지 선사(14권)
원지 선사(21권)
월륜 선사(16권)
월화 화상(24권)
위 선사(20권)
위국도 선사(9권)
위부 화엄(30권)
위산 영우(9권)
유 선사(24권)
유 화상(24권)
유건 선사(6권)
유경 선사(29권)
유계 화상(15권)
유관 선사(7권)
유연 선사(17권)
유원 화상(8권)

유장 선사(20권)
유정 선사(4권)
유정 선사(6권)
유정 선사(9권)
유칙 선사(4권)
육긍 대부(10권)
육통원소선사(17권)
윤 선사(22권)
윤 스님(29권)
은미 선사(23권)
은봉 선사(8권)
응천 화상(11권)
의능(제9세)(26권)
의름 선사(26권)
의소 화상(23권)
의안 선사(14권)
의원 선사(26권)
의유(제13세)(26권)
의인 선사(23권)
의전 선사(26권)
의초 선사(12권)
의총 선사(22권)
의충 선사(14권)
이산 화상(8권)
이종 선사(10권)
인 선사(19권)
인 선사(22권)
인 화상(23권)
인검 선사(4권)
인종 화상(5권)
인혜 대사(18권)
일용 화상(11권)
일자 화상(10권)
임전 화상(19권)
임제 의현(12권)
임천 화상(22권)

ㅈ

자광 화상(23권)
자국 화상(16권)
자동 화상(11권)
자만 선사(6권)
자복 화상(22권)
자재 선사(7권)
자화 선사(22권)
장 선사(20권)
장 선사(23권)
장경 혜릉(18권)
장용 선사(22권)
장이 선사(10권)
장평산 화상(12권)
적조 선사(21권)
전긍 선사(26권)
전법 화상(23권)
전부 선사(12권)
전식 선사(4권)
전심 대사(21권)
전은 선사(24권)
전초 선사(20권)
정 선사(21권)
정과 선사(20권)
정수 대사(22권)
정수 선사(13권)
정오 대사(21권)
정오 선사(20권)
정원 화상(23권)
정조 혜동(26권)
정혜 선사(24권)
정혜 화상(21권)
제 선사(25권)
제다가(1권)
제봉 화상(8권)
제안 선사(7권)
제안 화상(10권)
조 선사(9권)
조 선사(22권)

조산 본적(17권)
조수(제2세)(24권)
조주 종심(10권)
존수 선사(16권)
종괴 선사(21권)
종귀 선사(22권)
종랑 선사(11권)
종범 선사(17권)
종선 선사(24권)
종성 선사(23권)
종습 선사(19권)
종실 선사(23권)
종의 선사(26권)
종일 선사(21권)
종일 선사(26권)
종전 선사(19권)
종정 선사(19권)
종지 선사(20권)
종철 선사(12권)
종현 선사(25권)
종혜 대사(23권)
종효 선사(21권)
종흔 선사(21권)
주 선사(24권)
주지 선사(21권)
준 선사(24권)
준고 선사(15권)
중도 화상(20권)
중만 선사(23권)
중운개 화상(16권)
중흥 선사(15권)
증각 선사(23권)
증선사(제2세)(20권)
지 선사(4권)
지견 선사(6권)
지관 화상(12권)
지구 선사(22권)
지균 선사(25권)

색인표 273

색 인 표

지근 선사(26권)
지단 선사(22권)
지덕 대사(21권)
지도 선사(5권)
지류 선사(24권)
지묵(제2세)(22권)
지봉 대사(26권)
지봉 선사(4권)
지부 선사(18권)
지상 선사(5권)
지성 선사(5권)
지암 선사(4권)
지엄 선사(24권)
지옹(제3세)(24권)
지원 선사(16권)
지원 선사(17권)
지원 선사(21권)
지위 선사(4권)
지은 선사(24권)
지의 대사(25권)
지의 선사(27권)
지의 화상(12권)
지장 선사(7권)
지장 화상(24권)
지적 선사(22권)
지조(제3세)(23권)
지진 선사(9권)
지징 대사(26권)
지철 선사(5권)
지통 선사(10권)
지통 선사(5권)
지행(제2세)(23권)
지황 선사(5권)
지휘 선사(20권)
진 선사(20권)
진 선사(23권)
진 존숙(12권)
진각 대사(18권)

진각 대사(24권)
진감(제4세)(23권)
진랑 선사(14권)
진응 선사(13권)
진적 선사(21권)
진적 선사(23권)
진화상(제3세)(23권)
징 선사(22권)
징 화상(24권)
징개 선사(24권)
징원 선사(22권)
징정 선사(21권)
징조 대사(15권)

ㅊ

찰 선사(29권)
창선사(제3세)(20권)
책진 선사(25권)
처미 선사(9권)
처진 선사(20권)
천개유 선사(16권)
천룡 화상(10권)
천복 화상(15권)
천왕원 화상(20권)
천태 화상(17권)
청간 선사(12권)
청교 선사(23권)
청면(제2세)(23권)
청모 선사(24권)
청법 선사(21권)
청석 선사(25권)
청양 선사(13권)
청요 선사(23권)
청용 선사(25권)
청욱 선사(26권)
청원 화상(17권)
청원 행사(5권)

청좌산 화상(20권)
청진 선사(23권)
청품(제8세)(23권)
청해 선사(23권)
청해 선사(24권)
청호 선사(21권)
청환 선사(21권)
청활 선사(22권)
초 선사(20권)
초남 선사(12권)
초당 화상(8권)
초복 화상(15권)
초오 선사(19권)
초증 대사(18권)
초훈(제4세)(24권)
총인 선사(7권)
추산 화상(17권)
충언(제8세)(23권)
취미 무학(14권)
칙천 화상(8권)
침 선사(22권)

ㅌ

타지 화상(8권)
태원부 상좌(19권)
태흠 선사(25권)
통 선사(17권)
통 선사(19권)
통법 도성(26권)
통변 도홍(26권)
통화상(제2세)(24권)
투자 감온(15권)

ㅍ

파조타 화상(4권)
파초 화상(16권)
파초 화상(20권)

포대 화상(27권)
풍 선사(23권)
풍간 선사(27권)
풍덕사 화상(12권)
풍혈 연소(13권)
풍화 화상(20권)

ㅎ

하택 신회(5권)
학륵나(2권)
학림 선사(4권)
한 선사(10권)
한산자(27권)
함계 선사(17권)
함광 선사(24권)
함택 선사(21권)
항마장 선사(4권)
해안 선사(16권)
해호 화상(16권)
행랑 선사(23권)
행명 대사(26권)
행수 선사(17권)
행숭 선사(22권)
행애 선사(23권)
행언 도사(25권)
행인 선사(23권)
행전 선사(20권)
행주 선사(19권)
행충(제1세)(23권)
향 거사(3권)
향성 화상(20권)
향엄 지한(11권)
향엄의단선사(10권)
헌 선사(20권)
현눌 선사(19권)
현량 선사(24권)
현밀 선사(23권)
현사 사비(18권)

색 인 표

현소 선사(4권)
현오 선사(20권)
현정 대사(4권)
현지 선사(24권)
현진 선사(10권)
현책 선사(5권)
현천언 선사(17권)
현천(제2세)(23권)
현척 선사(25권)
현태 상좌(16권)
현통 선사(18권)
협 존자(1권)
협산 선회(15권)
혜 선사(20권)
혜 선사(22권)
혜 선사(23권)
혜가 대사(3권)
혜각 대사(21권)
혜각 선사(11권)
혜거 국사(25권)
혜거 선사(20권)
혜거 선사(26권)
혜공 선사(16권)
혜광 대사(23권)
혜능 대사(5권)
혜달 선사(26권)
혜랑 선사(14권)
혜랑 선사(21권)
혜랑 선사(26권)
혜렴 선사(22권)
혜륜 대사(22권)
혜만 선사(3권)
혜명 선사(25권)
혜방 선사(4권)
혜사 선사(27권)
혜성 선사(14권)
혜성(제14세)(26권)
혜안 국사(4권)

혜오 선사(21권)
혜원 선사(25권)
혜월법단(제3세)(26권)
혜일 대사(11권)
혜장 선사(6권)
혜제 선사(25권)
혜종 선사(17권)
혜철(제2세)(23권)
혜청 선사(12권)
혜초 선사(9권)
혜충 국사(5권)
혜충 선사(4권)
혜충 선사(23권)
혜하 대사(20권)
혜해 선사(20권)
호감 대사(22권)
호계 암주(12권)
홍구 선사(12권)
홍나 화상(8권)
홍변 선사(9권)
홍엄 선사(21권)
홍은 선사(6권)
홍인 대사(3권)
홍인 선사(22권)
홍장(제4세)(23권)
홍제 선사(23권)
홍진 선사(24권)
홍천 선사(16권)
홍통 선사(20권)
화룡 화상(23권)
화림 화상(14권)
화산 화상(17권)
화엄 화상(20권)
환보 선사(16권)
환중 선사(9권)
황룡(제2세)(26권)
황벽 희운(9권)
회기 대사(23권)

회악 선사(18권)
회악(제4세)(20권)
회우 선사(16권)
회운 선사(7권)
회운 선사(20권)
회정 선사(9권)
회주 선사(23권)
회초(제2세)(23권)
회충 선사(16권)
회통 선사(4권)
회해 선사(6권)
횡룡 화상(23권)
효료 선사(5권)
효영(제5세)(26권)
효오 대사(21권)
후 화상(22권)
후동산 화상(20권)
후초경 화상(22권)
휴정 선사(17권)
흑간 화상(8권)
흑수 화상(24권)
흑안 화상(8권)
흥고 선사(23권)
흥법 대사(18권)
흥평 화상(8권)
흥화 존장(12권)
희변 선사(26권)
희봉 선사(25권)
희원 선사(26권)

부록은 농선 대원 선사님의 인가 내력과 법어 그리고 대원 선사님께서 직접 작사하신 노래 가사를 실었다. 특히 요즘 선지식 없이 공부하는 이들을 위하여 수행의 길로부터 불보살님의 누림까지 닦아 증득할 수 있도록 '부록4'에 '가슴으로 부르는 불심의 노래' 가사를 담았으니 끝까지 정독하여 수행의 요긴한 지침이 되기를 바란다.

부 록

부록1 농선 대원 선사님 인가 내력 279
부록2 농선 대원 선사님 법어 287
부록3 21세기에 인류가 해야 할 일 317
부록4 가슴으로 부르는 불심의 노래 321

농선 대원 선사님 인가 내력

제 1 오도송

이 몸을 끄는 놈 이 무슨 물건인가?
골똘히 생각한 지 서너 해 되던 때에
쉬이하고 불어온 솔바람 한 소리에
홀연히 대장부의 큰 일을 마치었네

무엇이 하늘이고 무엇이 땅이런가
이 몸이 청정하여 이러-히 가없어라
안팎 중간 없는 데서 이러-히 응하니
취하고 버림이란 애당초 없다네

하루 온종일 시간이 다하도록
헤아리고 분별한 그 모든 생각들이
옛 부처 나기 전의 오묘한 소식임을
듣고서 의심 않고 믿을 이 누구인가!

此身運轉是何物
疑端汩沒三夏來
松頭吹風其一聲
忽然大事一時了

何謂靑天何謂地
當體淸淨無邊外
無內外中應如是
小分取捨全然無

一日於十有二時
悉皆思量之分別
古佛未生前消息
聞者卽信不疑誰

　　대원 선사님의 스승이신 불조정맥 제77조 조계종(曹溪宗) 전강(田岡) 대선사님께서 1962년 대구 동화사의 조실로 계실 당시 대원 선사님께서도 동화사에 함께 머무르고 계셨다.
　　하루는 전강 대선사님께서 대원 선사님의 3연으로 되어 있는 제1오도송을 들어 깨달은 바는 분명하나 대개 오도송은 짧게 짓는다고 말씀하셨다. 이에 대원 선사님께서는 제1오도송을 읊은 뒤, 도솔암을 떠나 김제들을 지나다가 석양의 해와 달을 보고 문득 읊었던 제2오도송을 일러드렸다.

　　제 2 오도송

　해는 서산 달은 동산 덩실하게 얹혀 있고
　김제의 평야에는 가을빛이 가득하네
　대천이란 이름자도 서지를 못하는데
　석양의 마을길엔 사람들 오고 가네

　日月兩嶺載同模
　金提平野滿秋色
　不立大千之名字
　夕陽道路人去來

제2오도송을 들으신 전강 대선사님께서는 이에 그치지 않고 그와 같은 경지를 담은 게송을 이 자리에서 즉시 한 수 지어볼 수 있겠냐고 하셨다. 대원 선사님께서는 곧바로 다음과 같이 읊으셨다.

　바위 위에는 솔바람이 있고
　산 아래에는 황조가 날도다

대천도 흔적조차 없는데
달밤에 원숭이가 어지러이 우는구나

岩上在松風
山下飛黃鳥
大千無痕迹
月夜亂猿啼

전강 대선사님께서는 위 송의 앞의 두 구를 들으실 때만 해도 지그시 눈을 감고 계시다가 뒤의 두 구를 마저 채우자 문득 눈을 뜨고 기뻐하는 빛이 역력하셨다.

그러나 전강 대선사님께서는 여기에서도 그치지 않고 다시 한 번 물으셨다.

"대중들이 자네를 산으로 불러내어 그 중에 법성(향곡 스님 법제자인 진제 스님. 동화사 선방에 있을 당시에 '법성'이라 불렸고, 나중에 '법원'으로 개명하였다.)이 달마불식(達磨不識) 도리를 일러보라 했을 때 '드러났다'라고 답했다는데, 만약에 자네가 당시의 양무제였다면 '모르오'라고 이르고 있는 달마 대사에게 어떻게 했겠는가?"

대원 선사님께서 답하셨다.

"제가 양무제였다면 '성인이라 함도 서지 못하나 이러-히 짐의 덕화와 함께 어우러짐이 더욱 좋지 않겠습니까?' 하며 달마 대사의 손을 잡아 일으켰을 것입니다."

전강 대선사님께서 탄복하며 말씀하셨다.

"어느새 그 경지에 이르렀는가?"

"이르렀다곤들 어찌하며, 갖추었다곤들 어찌하며, 본래라곤들 어찌하리까? 오직 이러-할 뿐인데 말입니다."

대원 선사님께서 연이어 말씀하시자 전강 대선사님께서 이에 환희하시니 두 분이 어우러진 자리가 백아가 종자기를 만난 듯, 고수명창 어울리듯 화기애애하셨다.

달마불식 공안에 대한 위의 문답은 내력이 있는 것이다. 전강 대선사님께서 대원선사님을 부르시기 며칠 전에, 저녁 입선 시간 중에 노장님 몇 분만이 자리에 앉아있을 뿐 자리가 텅텅 비어 있었다고 한다.

대원 선사님께서 이상히 여기고 있던 중, 밖에서 한 젊은 수좌가 대원선사님을 불렀다. 그 수좌의 말이 스님들이 모두 윗산에 모여 기다리고 있으니 가자고 하기에 무슨 일인가 하고 따라가셨다.

그러자 그 자리에 있던 법성 스님이 보자마자 달마불식 법문을 들고 이르라고 하기에 지체없이 답하셨다.

"드러났다."

곁에 계시던 송암 스님께서 또 안수정등 법문을 들고 물으셨다.

"여기서 어떻게 살아나겠소?"

대뜸 큰소리로 이르셨다.

"안·수·정·등."

이에 좌우에 모인 스님들이 함구무언(緘口無言)인지라 대원 선사님께서는 먼저 그 자리를 떠나 내려와 버리셨다.

그 다음날 입승인 명허 스님께서 아침 공양이 끝난 자리에서 지난 밤 입선시간 중에 무단으로 자리를 비운 까닭을 묻는 대중 공사를 붙여

산 중에서 있었던 일들이 낱낱이 드러나고 말았다. 그리하여 입선시간 중에 자리를 비운 스님들은 가사 장삼을 수하고 조실인 전강 대선사님께 참회의 절을 했던 일이 있었다.

전강 대선사님께서는 이때에 대원 선사님께서 달마불식 도리에 대해 일렀던 경지를 점검하셨던 것이다.

이런 철저한 검증의 자리가 있었던 다음 날, 전강 대선사님께서 부르시기에 대원 선사님께서 가보니 모든 것이 약조된 데에서 주지인 월산(月山) 스님께서 입회해 계셨으며 전강 대선사님께서는 곧바로 다음과 같이 전법게(傳法偈)를 전해주셨다.

전 법 게

부처와 조사도 일찍이 전한 것이 아니거늘
나 또한 어찌 받았다 하며 준다 할 것인가
이 법이 2천년대에 이르러서
널리 천하 사람을 제도하리라

佛祖未曾傳
我亦何受授
此法二千年
廣度天下人

덧붙여 이 일은 월산 스님이 증인이며 2000년까지 세 사람 모두 절대 다른 사람이 알게 하거나 눈에 띄게 하지 않아야 한다고 당부하셨다.

 만약 그러지 않을 시에는 대원 선사님께서 법을 펴 나가는데 장애가 있을 것이라고 예언하셨다. 또한 각별히 신변을 조심하라 하시고 월산 스님에게 명령해 대원선사님을 동화사의 포교당인 보현사에 내려가 교화에 힘쓰게 하셨다.

 대원 선사님께서 보현사로 떠나는 날, 전강 대선사님께서는 미리 적어두셨던 부송(付頌)을 주셨으니 다음과 같다.

　　　　부 송

어상을 내리지 않고 이러-히 대한다 함이여
뒷날 돌아이가 구멍 없는 피리를 불리니
이로부터 불법이 천하에 가득하리라

不下御床對如是
後日石兒吹無孔
自此佛法滿天下

 위의 게송에서 '어상을 내리지 않고 이러-히 대한다 함이여'라는 첫째 줄 역시 내력이 있는 구절이다.
 전에 대원 선사님께서 전강 대선사님을 군산 은적사에서 모시고 계실 당시 마당에서 홀연히 마주쳤을 때 다음과 같은 문답이 있었다.
 전강 대선사님께서 물으셨다.
 "공적(空寂)의 영지(靈知)를 이르게."

대원 선사님께서 대답하셨다.
"이러-히 스님과 대담(對談)합니다."
"영지의 공적을 이르게."
"스님과의 대담에 이러-합니다."
"어떤 것이 이러-히 대답하는 경지인가?"
"명왕(明王)은 어상(御床)을 내리지 않고 천하 일에 밝습니다."
위와 같은 문답 중에 대원 선사님께서 답하신 경지를 부송의 첫째 줄에 담으신 것이다.

전강 대선사님께서 대원선사님을 인가(印可)하신 과정을 볼 때 한 번, 두 번, 세 번을 확인하여 철저히 점검하신 명안종사의 안목에 탄복하지 않을 수 없으며 이에 끝까지 1초의 머뭇거림도 없이 명철하셨던 대원선사님께 찬탄하지 않을 수 없다.
그리하여 법열로 어우러진 두 분의 자리가 재현된 듯 함께 환희용약하지 않을 수 없다.

이제 전강 대선사님과 약속한 2천년대를 맞이하였으므로 여기에 전법게를 밝힌다.
이로써 경허, 만공, 전강 대선사님으로 내려온 근대 대선지식의 정법의 햇불이 이 시대에 이어져 전강 대선사님의 예언대로 불법이 천하에 가득할 것이다.

농선 대원 선사님 법어

　깨달음은 실증실수다. 그러나 지금의 불교가 잘못된 견해와 지식으로 불조의 가르침을 왜곡하고 견성성불 하고자 애쓰는 수행인들을 오히려 길을 잃고 헤매게 하고 있다.
　그래서 이 장에서는 대원 선사님의 혜안으로 제방에서 논의되는 불교의 핵심적인 대목을 밝혀, 불조의 근본 종지를 드러내고 불교가 나아가야 할 바를 보였다.
　깨달음의 정수를 담은 12게송은 실제 깨닫지 못하고 말로만 깨달음을 말하거나 혹은 깨달았다 해도 보림이 미진한 이들을 경계하게 하며 실증의 바탕에서 닦아 증득할 수 있도록 하였으니, 생사를 결단하고 본연한 참나를 회복하려는 이들에게 칠흑 같은 밤길에 등불과 같은 길잡이가 될 것이다.

화두실참

　제방의 선방 상황을 보면 목적지에 이르는 길을 몰라 노정길을 묻고 있는 격이다. 무자와 이뭐꼬 화두가 최고라 하면서도 실제 실참을 하지 못하고 있기 때문이다. '이 무엇인고?' 하면서 이 눈으로 보려 한다면 경계 위에서 찾는 것이어서 억만 겁을 두고 찾아도 찾을 수 없다. 그러므로 깨달아 일체종지를 이룬 스승의 분명한 안목의 지도가 없다면 화두를 들든, 관법을 행하든, 염불을 하든 깨달음을 기약한다는 것이 정말 어렵다 할 것이다.

오후보림

　설사 깨달음을 성취했다 해도 그것은 공부의 끝이 아니다. 오후보림을 통해 업을 다해야만 육신통을 자재할 수 있게 되는 것이다. 일상에 육신통을 자재하는 구경본분의 경지일 때 비로소 공부를 마쳤다 할 것이다.

개유불성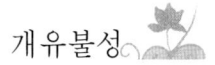

부처님께서 분명히 준동함령 개유불성(蠢動含靈 皆有佛性)이라고 하셨다. 이것은 모든 만물이 다 부처가 될 성품을 갖고 있다는 뜻이다. 불성이 하나라고 주장하는 목소리가 불교계에 드높으나 이것은 개유불성 즉, 낱낱이 제 불성은 제가 지니고 있다는 부처님의 말씀을 정면으로 어기는 말이다.

옛 선사님 말씀에 '천지(天地)가 여아동근(與我同根)이고 만물(万物)이 여아일체(與我一切)'라고 했다. '천지가 여아동근이다' 라는 것은 하늘 땅이 나와 더불어 같은 뿌리라는 말이다.
'나와 더불어'라고 했고 또한 한 뿌리가 아니라 같은 뿌리라고 했다. '더불 여(與)' 자와 '같을 동(同)' 자가 이미 하나라 할 수 없다는 것을 말해주고 있다. 즉 이 말은 하나와도 같다, 한결같이 똑같다는 말이다. 하나라면 '같을 동' 자 뿐만 아니라 일이란 글자도 설 수 없다. 일은 이가 있을 때에야 비로소 설 수 있는 것이다.
그러므로 '천지가 여아동근이다' 즉 하늘과 땅이 나와 더불어 같은 뿌리라는 것은 모든 것이 한결같이 가없는 성품 자체에서 비롯되었다는 말이다.
또한 '만물이 여아일체이다' 즉 만물이 나와 더불어 한 몸이라는 말에서 일체란 하나의 몸을 말하는 것이 아니라 모든 불성이 가없는 성품 자체로 서로 상즉한 온통인 몸을 말하는 것이어서 만물이 나와 더불어 상즉한 자체를 말한 것이다.

　공부를 많이 한 사람이 외도에 깊이 떨어지는 경우가 있다. 인가를 받지 못한 선지식들이 모두 체성을 보지 못한 이는 아니다. 가없는 성품 자체에 사무치고 보니 도저히 둘일 수가 없으므로 불성이 하나라고 한 것이다. 그러나 불성이 하나라고 하는 것은 바른 깨달음이 아니다. 그래서 인가를 받지 않으면 외도라 하는 것이다. 체성에 사무쳤다 해도 스승의 지도를 받아 일체종지를 이루지 못하면 이런 큰 허물을 짓는 것이다.

　만약 불성이 하나라고 하는 이가 있으면 "아픈 것을 느끼는 것이 몸뚱이냐, 자성이냐?"라고 물어야 한다. 그러면 당연히 누구나 자성이라고 답할 것이다. 만약 몸뚱이가 아픔을 느끼는 것이라면 시체도 아픔을 느껴야 하기 때문이다. 이렇게 볼 때에 자성이 하나라면 누군가 아플 때 동시에 모두 아픔을 느껴야 할 것이다. 또한 한 사람이 생각을 일으킬 때 이를 모두 알아야 한다. 불성이 하나라면 마음도 하나여서 다른 마음이 있을 수 없기 때문이다.

돈오돈수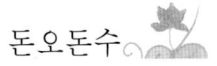

제방에 돈오돈수(頓悟頓修)에 대한 여러 가지 서로 다른 주장으로 시비가 끊어지지 않고 있다. 이로 인해 수행자들이 견성하면 더 이상 닦을 것이 없다는 그릇된 견해에 집착하거나 의심을 일으킬까 염려하여 여기에 바른 돈오돈수의 이치를 밝히고자 한다.

견성이 곧 돈오돈수라고 하는 분들이 많다.
그러나 견성이 곧 구경지인 성불이라면 돈오면 그만이지 돈수란 말은 왜 해놓았겠는가?
또한 오후보림(悟後保任)이라는 말은 무슨 말인가.

금강경에는 네 가지 상(我相, 人相, 衆生相, 壽者相)만 여의면 곧 중생이 아니라는 말이 수없이 되풀이되고 있다.
그런데 제구 일상무상분(第九 一相無相分)을 볼 때 다툼이 없는(곧 모든 상을 여읜) 삼매인(三昧人) 가운데 제일인 아라한도 구경지가 아니니 보살도를 닦아 등각을 거쳐야 구경성불인 묘각지에 이르른다는 사실을 알 수 있다.
또한, 제이십삼 정심행선분(第二十三 淨心行善分)을 보면 부처님께서 "아도 없고, 인도 없고, 중생도 없고, 수자도 없는 가운데 모든 선법(善法)을 닦아야 곧 아뇩다라삼먁삼보리를 얻는다."라고 말씀하시고 있으니 이것은 다름이 아니라 견성한 후에 견성을 한 지혜로써 항상 체성을 여의지 않고, 남은 업을 모두 닦아 본래 갖춘 지혜덕상을 원만하게 회복시켜야 구경성불할 수 있다는 말씀이다.

그렇다면 어째서 돈수일까?
'돈'이란 시공이 설 수 없는 찰나요, '수'란 시간과 공간 속에서 닦는 것이다.
단박에 마친다면 '돈'이면 그만이고, 견성 이전이든 이후든 닦음이 있다면 '수'라고만 할 것이지 어째서 돈과 수가 함께 할 수 있을까? 그야말로 물의 차고 더움은 그 물을 마셔본 자만이 알듯이 깨달은 사람만이 알 것이다.

사무쳐 깨닫고 보니 시공이 서지 않아 이러-히 닦아도 닦음이 없으니 네 가지 상이 없는 가운데 모든 선법을 닦는 것이요, 단박에 깨달으니 색공(色空)이 설 수 없어 이러-한 경지에서 닦음 없이 닦으니 네 가지 상이 없는 가운데 모든 선법을 닦는 것이다.
이와 같이 깨달아서 깨달은 바 없고, 닦아서는 닦은 바 없이 닦아, 남음이 없는 구경지인 성불에 이르는 과정을 돈오돈수라 한다.

견성하면 마음 이외의 다른 물건이 없는 경지인데 어떻게 닦음이 있을 수 있는가 하고 의심하는 분들이 많다. 그러나 견성했다 해도 헤아릴 수 없는 겁 동안에 길들여온 업으로 인하여 경계를 대하면 깨달아 사무친 바와 늘 일치하지는 못한다.

그래서 견성한 지혜로써 항상 체성을 여의지 않고 억겁에 익혀온 업을 제거하고 지혜 덕상을 원만하게 회복시켜야 구경성불할 수 있다.

이것이 앞에서 밝혔듯 금강경에서 부처님께서 하신 말씀이요, 돈오돈수를 주창한 당사자인 육조 대사님께서 하신 말씀이다.

육조단경 돈황본 이십칠 상대법편과 이십팔 참됨과 거짓을 보면 육조 대사님께서 당신의 설법언하에 대오하고도 슬하에서 3, 40년간 보림한 십대 제자들을 모아놓고 말씀하신다.

"내가 떠난 뒤에 너희들은 각각 일방의 지도자가 될 것이다. 그러므로 내가 너희들에게 설법하는 것을 가르쳐서 근본종지를 잃지 않도록 해주리라. 나오고 들어감에 곧 양변을 여의도록 하라." 하시고 삼과(三科)의 법문과 삼십육대법(三十六對法)을 설하셨다.

뿐만 아니라 2, 3개월 후 다시 십대 제자들을 모아놓고 "8월이 되면 세상을 떠나고자 하니 너희들은 의심이 있거든 빨리 물어라. 내가 떠난 뒤에는 너희들을 가르쳐 줄 사람이 없다." 하시며 진가동정게(眞假動靜偈)를 설하시고 외워 가져 수행하여 종지를 잃지 않도록 하라고 거듭 당부를 하시고 있다.

이것을 보아서도 이 사람이 말한 돈오돈수와 육조 대사께서 말씀하신 돈오돈수가 같다는 것을 알 수 있을 것이다.

다시 한 번 밝히자면 돈오란 자신의 체성을 단박에 깨닫는 것이요, 돈수란 깨달은 체성의 지혜로써 닦음 없이 닦는 것으로 이것이 곧 오후 보림이며, 수행자들이 퇴전하지 않고 구경성불할 수 있는 바른 수행의 길이다.

다음은 전등록 제 9권에서 추출한 것이다.

"돈오(頓悟)한 사람도 닦아야 합니까?"

"만일 참되게 깨달아 근본을 얻으면 그대가 스스로 알게 될 것이니 닦는다, 닦지 않는다 하는 것은 두 가지의 말일 뿐이다. 처음으로 발심한 사람들이 비록 인연에 따라 한 생각에 본래의 이치를 단박에 깨달았으나 아직도 비롯함이 없는 여러 겁의 습기(習氣)는 단박에 없어지지 않으므로, 그것을 깨끗이 하기 위하여 현재의 업과 의식의 흐름을 차츰차츰 없애야 하나니 이것이 닦는 것이다. 그것에 따로이 수행하게 하는 법이 있다고 말하지 마라.

들음으로 진리에 들고, 진리를 듣고 묘함이 깊어지면 마음이 스스로 두렷이 밝아져서 미혹한 경지에 머무르지 않으리라. 비록 백천 가지 묘한 이치로써 당대를 휩쓴다 하여도 이는 자리에 앉아서 옷을 입었다가 다시 벗는 것으로써 살림을 삼는 것이니, 요약해서 말하면 실제 진리의 바탕에는 한 티끌도 받아들이지 않지만 만행을 닦는 부문에서는 한 법도 버리지 않느니라. 만일 깨달았다는 생각마저 단번에 자르면 범부니 성인이니 하는 생각이 다하여, 참되고 항상한 본체가 드러나 진리와 현실이 둘이 아니어서 여여한 부처이니라."

"무엇이 돈오(頓悟)이며, 무엇을 점수(漸修)라 합니까?"

"자기의 성품이 부처와 똑같다는 것은 단박에 깨달았으나 비롯함이 없는 옛적부터의 습관은 단박에 제거할 수 없으므로 차츰 물리쳐서 성품에 따라 작용을 일으켜야 하니, 마치 사람이 밥을 먹을 때에 첫술에 배가 부르지 않는 것과 같다."

간화선인가 묵조선인가

　나에게 "당신의 지도는 간화입니까, 묵조입니까?"라고 묻는 이들이 있다. 나의 지도법에는 애당초부터 간화니 묵조니 하는 것이 없다. 가없는 성품 자체로 일상을 지어가라는 말이 바로 그것을 대변해주고 있다. 묵조선과 간화선이 나뉜 것은 육조 대사 이후여서 육조 대사 당시까지만 해도 묵조선이니, 간화선이니 하여 나누지 않았다. 나는 육조 대사 당시의 법을 그대로 펴고 있는 것이다.

　묵조선과 간화선은 원래 종파가 아니다. 지도받는 이의 근기에 따라 지도한 방편일 뿐이다. 들뜬 생각과 분별망상에서 이끌어내기 위한 방편으로 지도한 것이 묵조선이다. 그렇게 이끌어서 깨달아 사무치면 깨달아 사무친 경지가 일상이 되게끔 다시 이끌어 주어야 하는 것이다.
　달마 대사를 묵조선이라고 하는데 중국에 오기 전 달마 대사가 육파외도(六派外道)를 조복시키는 대목을 보면 달마 대사가 묵조선이 아니라는 것이 역력히 드러난다.
　다만 황제가 법문을 할 정도였던 그 시대의 교리 위주의 이론불교를 근본불교에 이르게 하기 위한 방편으로 "밖으로 반연하여 일으키는 모든 생각을 쉬고 안으로 구하는 마음마저 쉬어라."라고 가르친 것이다.
　간화선도 마찬가지여서 화두라는 용광로에 일체 분별망상을 녹여 없앰으로써 밖으로 반연하여 일으키는 모든 생각을 쉬고, 안으로 구하는 마음마저 쉬게 하여 깨닫게끔 한 것이다.

즉 화두를 들어도 이런 경지에 이르러야 깨달을 수 있는 것이다. 오롯이 끊어지지 않게 화두를 들어서 오직 이러한 경지에 이르러 있다가 어떤 경계에 문득 부딪힘으로써 깨닫게 된다. 결국에는 화두인 모든 공안도리 역시 사무쳐 깨닫게 하기 위한 방편이다.

그러므로 수기설법(隨機說法)하고 응병여약(應病與藥)해야 한다. 나 역시 제자가 이러한 경지에 사무쳐 깨닫게끔 하지만, 이미 사무친 연후에는 가없는 성품 자체에 머물러 있으려고만 하지 말고, 그 경지에서 응하여 모자람 없도록 지어나가야 한다고 지도한다.

묵조나 일행삼매(一行三昧), 어느 쪽도 모든 이에게 정해 놓고 일정하게 주어서는 바른 지도가 될 수 없는 것이다. 내가 앉아서 선화할 때에는 오직 심외무물의 경지만 오롯하게끔 지으라고 지도하는 것은 어떻게 보면 묵조선이다. 그것이 가장 빨리 업을 녹이는 방법이기 때문에 그렇게 지도하는 것이다.

그러나 활동할 때는 가없는 성품 자체로 일상을 지어 가라고 지도했으니 이것은 곧 일행삼매에 이르도록 지도한 것이다. 안팎 없는 경지를 여의지 않는 것이 삼매이니, 일상생활 속에서 여의지 않는 가운데 보고 듣고, 보고 듣되 여의지 않는 그것이 일행삼매이다.

그렇다면 나는 한 사람에게 묵조선과 일행삼매를 다 가르치고 있는 것이 된다. 묵조선이라고 했지만 앉아서는 생사해탈을 위한 멸진정을 익히도록 하고, 그 외에는 다 일행삼매를 짓도록 지도하고 있는 것이어서 한편으로 멸진정을 익히는 가운데 조사선을 짓고 있는 것이다.

어떠한 약도 쓰이는 곳에 따라 좋은 약이 되기도 하고 사약이 되기도 한다. 스승이 진정 자유자재해서 제자가 머물러 있는 부분을 틔워주는 지도를 할 때 그것이 약이 되는 것이다.
그러므로 '나는 간화선만을 가르친다.' 그렇게 지도해서는 안 된다. 부처님께서도 수기설법하라 하셨다. 병을 치료해 주는 것이 약이듯 그 기틀에 맞게끔 설해 주는 것이 참 법이다.
무유정법(無有定法)이라 하지 않았는가. 그 사람의 바탕과 익힌 업력과 현재의 경지 등 모든 것을 참작해서 거기에 알맞게 베풀어 주어야 한다.
부처님의 경을 마가 설하면 마설이 되고, 마경을 부처님께서 설하시면 진리의 경전이 된다는 것도 바로 이런 데에서 하신 말씀이다.

어느 한 종에만 편승하면 안 된다. 우리는 이 속에 오종칠가(五宗七家)의 법을 다 수용해야 된다. 어느 한 법도 버릴 수 없다. 모든 근기에 알맞도록 설해 주고 이끌어 줄 수 있어야 하기 때문이다.
그래서 다만 응하여 모자람이 없이 병에 의하여 약을 줄 뿐, 정해진 법이 없어서 어느 한 법도 따로 취함이 없어야 하는 것이다.

육조 대사께 행창이 찾아와 부처님 열반경 중에서 유상(有常)과 무상(無常)을 가지고 물었을 때 행창이 무상이라 하면 육조 대사는 유상이라 하고, 행창이 유상이라 하면 육조 대사는 무상이라 했다. 왜냐하면 원래부터 무상이니 유상이니가 있을 수 없어서, 부처님께서는 다만 유상이라는 집착을 벗어나게 하기 위해 무상을 말씀하시고, 무상이라는 집착을 벗어나게 하기 위해 유상을 말씀하셨을 뿐이거늘, 행창은 열반경의 이 말씀에 묶여 있었기 때문이다.

육조 대사가 이러한 이치에 대해서 설하자 행창이 곧 깨닫고 오도송을 지어 바쳤다.

이렇게 수기설법할 때 불법이다. 수기설법하지 못하면 임제종보다 더한 것이라 해도 불법일 수 없다.

각각 사람의 근기가 다른데 어떻게 천편일률적인 방법으로 똑같이 교화할 수 있겠는가.

불교 종단은 깨달은 분에 의해 운영되어야 한다

불교 정상의 지도자는 깨달아 일체종지를 이룬 분으로서, 어떤 이보다도 그 통달한 지혜와 덕과 복을 갖춤이 뛰어나고, 멀리 앞을 내다보는 안목을 지니고 있어야 한다. 그리고 불교 종단은 그분의 말이 법이 되어야 하고, 그분의 지시에 의해 운영되어야 한다.

당연하게 여겨져야 할 이 일이 새삼스러운 일로 여겨지는 것이야말로 크게 개탄해야 될 오늘날 불교계의 현실이다. 왜냐하면 이 일이 새삼스러워진 것만큼 부처님 당시의 법에서 그만큼 멀어졌다는 것을 의미하기 때문이다.

석가모니 부처님 생전에는 부처님 말씀 그대로가 법이었다. 그리고 부처님은 깨달음을 제1의 법으로 두셨다. 그렇기 때문에 부처님의 모든 법문을 가장 많이 알고 있는 다문제일 아난존자가 깨닫지 못했다는 이유로 부처님 열반 후, 제1차 경전 결집에 참여할 수 없었던 것이다.

이변인 법에 있어서 뿐만 아니라 사변인 승단의 행정에 있어서도 마찬가지였다. 계율을 정하고, 대중을 통솔하고, 승단을 운영하는 일까지 부처님께서 직접 지시하셨다.

모든 제자들은 부처님의 말씀을 따라 그 지시대로 한 마음, 한 뜻으로 부처님의 손발이 되었을 뿐이다. 부처님의 지시야말로 과거, 현재,

미래를 내다보는 안목의 가장 이상적인 행정이었기 때문이다.

우리나라 역시 근대에만 해도 깨달아 법력을 지닌 분이 종정을 지내셨을 때에는 그분의 말씀이 법이었고, 인가 받은 분들이 종회에 계실 때에는 그분들의 말씀을 받들어 종단의 행정이 운영되었다.

하동산 선사나 금오 선사, 효봉 선사 같은 분들이 종정이셨던 1950~60년대까지도 그러하였으니, 종정이 종단 전체의 주요 안건을 결정하는 결정권을 가지고 있었다.

종회 역시 혜암 스님, 금오 스님, 춘성 스님, 청담 스님 등 만공 선사 회상에서 인가 받은 분들이 종회에 계실 때에는 그분들의 뜻에 의거하여 종회 의원들이 승단의 일을 처리하였다.

그러므로 현재에 있어서도 만약 종회에 의해 종단이 운영되어야 한다면, 종회는 깨달아 보림한 분으로 구성되어야 한다. 그러한 종회라면 금상첨화여서 가장 훌륭한 불교 종단 운영이 될 것이다. 그러나 그것이 어려워서 깨달아 보림해서 일체종지를 통달한 분이 종정 한 분이라면, 그 한 분에 의해 모든 통솔이 이루어져야 한다. 만약 깨닫지 못한 분으로 이루어진 종회나 총무원에 의해 종단이 운영된다면, 십중팔구 그것은 진리가 아닌 세속적인 판단으로 흘러가기 때문이다.

이것은 불교 종단뿐만 아니라 한 절에 있어서도 마찬가지이다. 법이 가장 뛰어난 분으로 그 절의 운영이 이루어져야 바른 운영이 이루어진다. 그래서 선을 꽃피웠던 중국에서도 56조 석옥 청공 선사에 이르기까지 대대로 공부가 가장 많이 된 분인 조실이 주지를 겸하여 절 일을 보셨다.

조실과 주지가 다른 분이 아니었으니, 이판과 사판이 나뉘어지지 않앉다.

　이판을 운용하는 것이 사판이기 때문에, 이판과 사판은 본래 나뉠 수 없는 것이다. 이판에 있어서 깨달은 분이어야 하는 것처럼, 사변을 운용하고 다스리는 사판에 있어서도 다를 수 없다고 본다.

　일체유심조, 마음이 세계를 빚어내듯 모든 이치를 운용하는 지혜가 있어야 사변에 있어서도 자유자재의 운영이 가능하기 때문이다.

　일체 모든 진리를 설한 경전과 일체 모든 실천규범을 정한 율로 이사일치의 수행을 현실화했던 석가모니 부처님, 무위도식하거나 말로만 떠드는 수행을 경계하여 '일일부작이면 일일불식하라'는 승가의 규율을 통해 일상 그대로인 선을 꽃피우고자 했던 백장 선사, 생생히 살아 숨쉬는 불법의 역사 어디에도 이판과 사판이 나뉘었던 적은 없었다.

　불법은 이름 그대로 부처님의 법이다.
　부처님 당시의 법이 오늘에 되살려져, 항상한 이치가 응하여 모자람 없는 다양한 방편으로 변주되어, 만인의 삶이 불법의 가피와 축복 속에 꽃피고 열매 맺을 수 있도록, 불교 종단의 운영은 반드시 깨달아 일체종지를 통달한 분에 의해 이루어져야 한다고 본다.

조계종을 육조정맥종이라고 이름한 이유

불법이 석가모니 부처님으로부터 28대 달마 대사에 이르러 동토에 전해지고 다시 33조인 육조 대사에 의해 가장 활발하고 왕성한 황금시대를 이루었다. 그래서 우리나라의 정통 불교 종단에 조계종이라는 이름이 붙여진 것이다. 육조 대사께서 생전에 조계산에 주하셨고, 대부분의 선사들의 호로 계신 곳의 지명이나 산 이름으로 쓰였기 때문이다.

그러므로 조계종의 조계란 육조 대사를 의미하고, 조계종이란 결국 육조 대사의 법을 의미하며 조계종단은 육조 대사의 법을 받아 이어가는 종단이다.

그러나 조계는 육조 대사께서 정식으로 스승에게 받은 호가 아니다. 호는 당호라고도 하는데, 대부분 스승이 제자를 인가하며 주는 것이다. 종사와 법을 거량하여 종사로부터 인가를 받고 입실건당의 전법식을 할 때에 당호와 가사, 장삼, 전법게 등을 받는다. 이때, 위에서 말하였듯 주로 그가 살고 있는 절 이름, 또는 지명, 그가 거처하던 집 등의 이름을 취하여 호로 삼는 경우가 많다. 그런데 육조 대사께서 조계산에 주하시기는 하였으나 스승인 오조 홍인 대사는 육조 대사에게 조계라는 호를 내린 적이 없다. 또 육조 대사 역시 생전에 조계라는 호를 쓴 적이 없다.

대부분의 사전에 육조 대사를 조계 대사라고도 한다고 되어 있는데, 이것은 후대인들이 지어 부른 것이다. 만약 '조계'를 육조 대사를 지칭하는 공식적인 명칭으로 쓴다면 이것은 후대인들이 선대의 대선사의 호를 지어 부르는 격이 되니 참으로 예에 맞지 않다고 할 것이다.

이러한 이유에서 조계종이라는 이름이 불교종단의 정식이름으로 적합하지 않다고 보았고, 또한 육조 대사의 법을 이어받아 바르게 펴는 곳이라는 의미를 담기에 가장 적당하여 육조정맥종이라 이름하였을 뿐, 수덕사 문중 전강 선사님의 인가를 받아 석가모니 부처님으로부터 근대의 대선지식인 경허, 만공, 전강 선사로 이어진 법맥을 이은 이로서 따로이 새로운 종단을 설립한 것이 아니다. 그렇기에 출가함에 있어서 불필요한 논쟁의 소지를 없애기 위해 육조정맥종이라고 이름한 이유와 스스로 한 번도 결제, 해제, 연두법어를 내리지 않았던 까닭이 따로 새로운 종단을 설립한 것이 아니었기 때문이라는 것을 밝히는 바이다.

희비송(喜悲頌)

이름도 없고 상도 없는 일 없는 사람이
태평의 노래를 흥에 취해 불렀더니
때도 없고 끝도 없는 구제의 일이
대천세계에 충만히 펼쳐졌네

無名無相無事人
太平之歌唱興醉
無時無端救濟事
大千世界布充滿

정신송(正信頌)

이름도 없고 상도 없는 이 바탕인 몸이여
이 바탕을 깨달은 믿음이라야 이 바른 믿음이라
이와 같은 믿음이 없이는 마음이 나라 말라
눈 광명이 땅에 떨어질 때 한이 만단이나 되리라

無名無相是地體
悟地之信是正信
若無是信莫心我
眼光落地恨萬端

진심송(眞心頌)

이름도 없고 상도 없는 이 진공이여
공이라는 공은 공이라 함마저도 없는 이 참 바탕이라
이와 같은 바탕이라야 이 공인 몸이니
이와 같은 몸이 아니면 참다운 마음이 아니니라

無名無相是眞空
空空無空是眞地
如是之地是空體
如是非體非眞心

업신송(業身頌)

업의 몸이란 것은 고통의 근본이요
업의 마음이란 것은 환란의 근본이니라
업의 행이란 것은 다툼의 근본이요
업의 일이란 것은 허망의 근본이니라

業身乃苦痛之本
業心乃患亂之本
業行乃鬪爭之本
業事乃虛妄之本

보림송(保任頌) 1

업의 몸을 다스리는 데는 계행이 최상이요
업의 마음을 다스리는 데는 인내가 최상이니라
계행과 인내로 잘 다스리면 보림이 순조롭고
보림이 잘 이루어지면 구경에 이르느니라

治業身之戒最上
治業心之忍最上
善治戒忍順保任
善成保任至究竟

보림송(保任頌) 2

육신의 욕망은 하나까지라도 모두 버려야 하고
육신을 향한 생각은 남음이 없이 버려야 하느니라
이와 같이 보림하면 업이 중한 사람일지라도
당생에 반드시 구경지를 성취하리라

肉身欲望捨都一
肉身向思捨無餘
如是保任重業人
當生必成究竟地

공성본질송(空性本質頌) 1

무극인 빈 성품의 본래 몸은
언어나 마음과 행위로 표현 못 하나
모든 부처님과 만물이 이로 좇아 생겼으며
궁극에 일체가 돌아가 의지할 곳이니라

無極空性之本體
言語道斷滅心行
諸佛萬物從此生
窮極一切歸依處

공성본질송(空性本質頌) 2

혼연한 빈 바탕을 이름해서 무아라 하고
무아의 다른 이름이 이 무극이니라
유정 무정이 이로 좇아 생겼으며
궁극에 일체가 돌아가 의지할 곳이니라

渾然空地名無我
無我異名是無極
有情無情從此生
窮極一切歸依處

공성본질송(空性本質頌) 3

이러—히 밝게 사무친 것을 이름해서 견성이라 하고
이 바탕에 밝게 사무쳐야 바르게 깨달은 사람이니
도를 닦는 사람은 반드시 명심해서
각자 관조하여 그릇 깨달음이 없어야 하느니라

如是明徹名見性
是地明徹正悟人
修道之人必銘心
各者觀照無非悟

명정오송(明正悟頌)

밝지도 어둡지도 않은 곳을 향해서
그윽한 본래의 바탕에 합하여야
이것을 진실한 깨달음이라 하는 것이니
그렇지 않다면 바른 깨달음이 아니니라

向不明暗處
冥合本來地
此是眞實悟
不然非正悟

무아송(無我頌)

중생들이 말하는 무아라는 것은
변하고 달라지는 나를 말하는 것이요
깨달은 사람의 무아는
변하지 않는 나를 말하는 것이다

衆生之無我
變異之言我
悟人之無我
不變之言我

태시송(太始頌)

탐착한 묘한 광명에 합한 것이 상을 이루었고
상에 집착하여 사는데서 익힌 것이 모든 업을 이루었다
업을 인해서 만반상이 생겨 나왔으며
만상으로 해서 만반법이 생겨 나왔다

貪着妙光合成相
執相生習成諸業
因業生出萬般象
萬象生出萬般法

21세기에 인류가 해야 할 일

　이 사람은 1962년 26세 때부터 21세기에 인류에게 닥칠 공해문제, 에너지문제를 예견하고 대체에너지(무한원동기, 태양력, 파력, 풍력 등) 개발과 '울 안의 농법'을 연구하고 그 필요성을 많은 이들에게 이야기해 왔습니다.

　당시에는 너무 시대를 앞서가는 이야기여서인지 일반인들이 수용하지 못하고 오히려 불신의 눈으로 바라보며 이 사람의 법마저 의심하였습니다. 하지만 현대에 있어서는 이것이 인류가 해결해야 할 가장 절박한 사안이 되어 있습니다.

　'사막화방지 국제연대'를 설립한 것도 현재 인류가 해결해야 할 가장 절박한 지구환경문제를 이슈화시키고 그 해결책을 제시하여 재앙에 직면한 지구촌을 살리기 위해서입니다.

　'사막화방지 국제연대'에서 추진하고 있는 사막화 방지, 지구 초원

화, 대체에너지 개발은 온 인류가 발 벗고 나서서 해야 할 일입니다.

첫 번째 사막화 방지에 있어서 기존에 해왔던 '나무심기 사업'은 천문학적인 예산과 많은 인력을 동원하고도 극도로 황폐한 사막화된 환경을 되살리는 데 실패하였습니다.

그래서 이 사람은 사막화 방지에 있어서는 '사막 해수로 사업'을 새로운 방안으로 제시하였습니다.

사막 해수로 사업은 사막화된 지역에 수도관을 매설하여 바닷물을 끌어들여서 염분에 강한 식물을 중심으로 자연생태계를 복원하는 사업입니다.

이것은 나무심기 사업으로 심은 나무들이 절대적으로 물이 부족하여 생존할 수 없었던 문제를 해결할 수 있는, 현재로서는 유일한 해결책입니다.

그러나 '사막화방지 국제연대'의 목적은 사막이 확장되는 것을 방지하자는 것이지 사막 전체를 완전히 없애자는 것은 아닙니다. 인체에서 심장이 모든 피를 전신의 구석구석까지 골고루 보내어 살아서 활동하게 하듯이 사막은 오히려 지구의 심장 역할을 하는 중요한 곳이기 때문입니다.

그래서 21세기에 있어서는 다만 사막의 확장을 방지할 뿐 아니라 사막을 어떻게 운용하느냐를 연구해야 합니다.

사막에 바둑판처럼 사방이 막힌 플륨관 수로를 설치하여 동, 서, 남, 북 어느 방향의 수로를 얼마만큼 채우느냐 비우느냐에 따라, 사막으로부터 사방 어느 방향으로든 거리까지 조절하여, 원하는 지역에 비를 내리게 하고 그치게 할 수 있습니다. 철저히 과학적인 데이터에 의해 이렇게 사막을 운용함으로써 21세기의 지구를 풍요로운 낙원시대로 만들어가야 합니다.

두 번째로 지구를 초원화할 수 있는 방안으로 3년간의 실험을 통해, 광활한 황무지 지역을 큰 비용을 들이거나 많은 인력을 동원하지 않고도 짧은 시간 내에 초지로 바꿀 수 있는 식물을 찾아냈습니다.

그것은 바로 '돌나물'입니다. 돌나물은 따로 종자를 심을 필요가 없이 헬리콥터나 비행기로 살포해도 생존, 번식할 수 있으며, 추위와 더위, 황폐한 땅에서도 살아남을 수 있는 생명력과 번식력이 강한 식물입니다.

지구환경을 되살리는 초지조성 사업에 있어서 이것이 큰 도움이 되리라 생각합니다.

세 번째의 대체에너지 개발에 있어서는 태양력, 파력, 풍력 등 1962년도부터 이 사람이 연구하고 얘기해왔던 방법들이 이미 많이 개발되어 실용화한 단계에 있습니다.

이 세 가지 일은 한 개인이나 한 국가가 할 수 있는 일이 아닙니다. 모든 국가가 앞장서서 전세계적인 사업으로 이루어져야 합니다. 모든 국가가 함께 하는 기금조성이 이루어져야 하고 기금조성에 참여한 국가는 이 시스템에 의한 전면적인 혜택을 입을 수 있도록 해야 합니다.

인류 모두가 지혜를 모아 이 일에 전력을 다한다면 인류는 유사 이래 가장 좋은 시절을 맞이하게 될 것이며, 만약 이 일을 남의 일인 양 외면한다면 극한의 재앙을 면할 수 없을 것입니다.

이 사람이 오래 전부터 얘기해왔던 '울 안의 농법'은 이미 미국 라스베이거스(Las Vegas)에서 30층짜리 '고층 빌딩 농장'으로 구현되었습니다. 그렇게 크게도 운영될 수 있지만 각자 자신의 집에서 이루어지는 '울 안의 농법'도 필요합니다.

21세기에 있어서 또 하나 인류가 만일의 사태를 대비해서 연구, 추진해야 될 일이 있다면 바닷속에서의 수중생활, 수중경작입니다.

지구 온난화가 심화될 경우, 공기가 너무 많이 오염될 경우, 바닷물이 높아져 살 땅이 좁아질 경우 등에 대비할 때, 인류는 우주에서의 삶보다는 바닷속에서의 삶을 준비해야 합니다. 왜냐하면 그것이 훨씬 수월하고 비용도 절감할 수 있기 때문입니다.

이렇게 깨달은 이는 이변적으로는 깨달음을 얻게 하여 영생불멸의 삶을 영위할 수 있도록 만인을 이끌어야 하며 사변적으로는 일반인이 예측할 수 없는 백 년, 천 년 앞을 내다보아 이를 미리 앞서 대비하도록 만인의 삶을 이끌어줘야 한다고 생각합니다.

불법의 뜻은 다만 진리 전수에만 있는 것이 아니니, 만인이 서로 함께 영원한 극락을 누릴 때까지 물심양면으로, 이사일여로 베풀어 교화해야 하기 때문입니다.

가슴으로 부르는 불심의 노래

　여기에 실린 가사는 모두 농선 대원 선사님께서 직접 작사하신 것이다. 수행의 길로 들어서게끔 신심, 발심을 북돋아주는 가사로부터 수행의 길로 접어든 이의 구도의 몸부림이 담겨있는 가사, 대승의 원력을 발해서 교화하는 보살의 자비심과 함께 낙원세계를 누리는 풍류를 그려놓은 가사까지 한마디, 한마디가 생생하여 그 뜻이 뼛속 깊이 새겨지고 그 멋에 흠뻑 취하게 된다. 농선 대원 선사님께서는 거칠고 말초적인 요즘의 노래를 듣고 이러한 정서를 순화시키고자, 또한 수행의 마음을 진작시키고자 하는 뜻에서 이 가사들을 쓰셨다.

 그래야지

1.
마음으로 물질로써
갖가지로 베푸는 것
생활화한 국민되어
이뤄내는 국가되세
그래야지 그래야지
얼씨구나 좀 더 좋다

그런 이웃 그런 나라
이뤄내서 사노라면
모든 나라 따르리니
그리되면 지상낙원
그래야지 그래야지
얼씨구나 좀 더 좋다

별중의 별 될 것이니
선조의 뜻 이룸이라
후손으로 할 일 해낸
자부심이 치솟누나
그래야지 그래야지
얼씨구나 좀 더 좋다

얼씨구야 절씨구야
좀 더 좋고 좀 더 좋다
얼씨구야 절씨구야
좀 더 좋고 좀 더 좋다

아리랑 아리랑 아라리요
아리랑 고개를 넘어간다

2.
그래야지 그래야지
혼자 삶이 아닌 세상
웬만하면 넘어가는
아량으로 살아가세
그래야지 그래야지
얼씨구나 좀 더 좋다

부딪히면 틀어져서
소통의 길 막히나니
그러므로 눈 감아줘
참는 것이 상책일세
그래야지 그래야지
얼씨구나 좀 더 좋다

걸린 생각 비워내서
한결같이 사노라면
복이되어 돌아옴을
실감할 날 있을 걸세
그래야지 그래야지
좀 더 좋고 좀 더 좋다

얼씨구야 절씨구야
좀 더 좋고 좀 더 좋다
얼씨구야 절씨구야
좀 더 좋고 좀 더 좋다

아리랑 아리랑 아라리요
아리랑 고개를 넘어간다

 마음

1.
시작도 없는 마음
끝남도 없는 마음

온통으로 드러나
언제나 같이 있어

어떤 것도 가릴 수
전혀 없는 그 마음

고고하고 당당한
영원한 마음일세

아리랑 아리랑 아라리요
아리랑 고개를 넘어간다
청천 하늘에 잔별도 많고
요내 가슴에는 희망도 많다

2.
모두를 마음으로
시도를 뭐든 해봐

안되는 일 없어서
사는 데 불편없고

하고프면 하면 돼
뜻 펼치는 삶이니

즐겁고도 즐거운
누리는 삶이로세

아리랑 아리랑 아라리요
아리랑 고개를 넘어간다
청천 하늘에 잔별도 많고
요내 가슴에는 희망도 많다

사는게 아리랑 고개

1.
이 마음이 내가 되니
나고 죽음 본래 없고
이리 보고 저리 봐도
허공까지 내 몸일세
신기하고 신기하다
신기하고 신기해

이 마음이 내가 되니
안 되는 일 전혀 없어
잡된 생각 사라지고
두려움도 없어졌네
신기하고 신기하다
신기하고 신기해

이 마음이 내가 되니
끝이 없이 자유롭고
잠 못 이룬 괴로움과
공황장애 흔적 없네
신기하고 신기하다
신기하고 신기해

아리랑 아리랑
아라리요
아리랑 고개를 넘어왔다

2.
이 마음이 내가 되니
맘 먹은 일 순조롭고
살아가는 나날들이
마음광명 누림일세
신기하고 신기하다
신기하고 신기해

이 마음이 내가 되니
마음광명 누림이라
나날들이 평화롭고
자신감이 넘쳐나네
신기하고 신기하다
신기하고 신기해

이 마음이 내가 되니
대인관계 순조로와
일일마다 즐거웁고
웃음꽃이 피어나네
신기하고 신기하다
신기하고 신기해

아리랑 아리랑
아라리요
아리랑 고개를 넘어왔다

불보살의 마음

1.
자비, 그 자비는 눈물이었네
불나방이 불을 쫓듯 가는 이
그래도 못 잊어서 버리지 못해
저리는 저리는 가슴, 그 가슴 안고서
눈물, 피눈물로 저리 부르네

2.
자비, 그 자비는 눈물이었네
제 살 길을 저버리는 이들을
그래도 못 잊어서 버리지 못해
저리는 저리는 가슴, 그 가슴 안고서
눈물, 피눈물로 저리 부르네

나의 노래

1.
노세 노세 봄놀이하세
대천세계 이 봄 경치
한산 습득 친구 삼아
호연지기 즐겨볼까
얼씨구나 절씨구
아니나 즐기고 무엇하리

2.
노세 노세 봄놀이하세
걸음 쫓아 이른 곳곳
문수 보현 벗을 삼아
화엄광장 춤춰볼까
얼씨구나 절씨구
아니나 즐기고 무엇하리

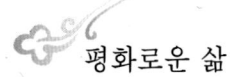# 평화로운 삶

1.
이 몸을 나로 아는
하나의 실수로서
우주가 생긴 이래

얼마나 많은 고통
겪어들 왔었던가
치떨린 일이로세

뭘 해야 그 반복을
금생에 끊어버려
그 고통 벗어날까

생각코 생각하니
그 해결 내게 있네
마음이 나 된걸세

아리랑 아리랑 아라리요
아리랑 고개를 넘어간다
청천 하늘엔 잔별도 많고
이내 가슴엔 희망도 많다

2.
마음이 내가 되면
그 어떤 것이라도
더 이상 필요찮고

마음이 내가 되면
미묘한 갖은 공덕
스스로 갖춰 있고

마음이 내가 되면
그 모든 근심 걱정
씻은 듯 사라지고

마음이 내가 되면
이 생과 저 세상이
당초에 없는 걸세

아리랑 아리랑 아라리요
아리랑 고개를 넘어간다
청천 하늘엔 잔별도 많고
이내 가슴엔 희망도 많다

3.
마음이 내가 되면
어제와 내일 일을
눈 앞 일 알 듯하고

마음이 내가 되면
신분이 관계 없이
서로가 평등하며

마음이 내가 되면
모든 일 뜻을 따라
원만히 이뤄지고

마음이 내가 되면
걸림이 없는 그 삶
저절로 이뤄지네

아리랑 아리랑 아라리요
아리랑 고개를 넘어간다
청천 하늘엔 잔별도 많고
이내 가슴엔 희망도 많다

 그리운 님

환갑 진갑 다 지난 삶 살다보니
석양 노을 바라보다 텅 빈 가슴
외로움에 철이 드나 생각나는
님이시여 이 몸마저 자유롭지
못한 괴롬 닥쳐서야 님의 말씀
들려오는 철없던 삶 후회하며
외쳐 찾는 님이시여 지는 해를
붙들고서 맘이 나된 삶으로써
나고 죽는 모든 고통 없는 삶을
누리라는 그 말씀이 빛이 되어
외쳐지는 님이시여 이제라도
실천 실행 하오리다 이끌어만
주옵소서 님이시여 내 님이여

잘 사는 게 불법일세

1.
잘 사는 게 불법일세
우리 모두 관음보살 지장보살 생활 속에 모시면서
마음 비운 나날들로 바른 삶을 하노라면
불보살님 가피 속에 뜻 이뤄서 꽃을 피운
그런 날이 있을 걸세

2.
잘 사는 게 불법일세
우리 모두 관음보살 지장보살 생활 속에 모시면서
마음 비워 살아가며 시시때때 잊지 않고
참나 찾아 참구하는 그 정성도 함께하면
좋은 소식 있을 걸세

3.
잘 사는 게 불법일세
우리 모두 관음보살 지장보살 생활 속에 모시면서
틈틈으로 회광반조 사색으로 참나 깨쳐
화장세계 장엄하고 얼쉬얼쉬 어울리며
영원토록 웃고 사세

 ## 님은 아시리

1 부

1.
사계절의 풍광인들 위로되겠니
서사시의 음률인들 쉬어지겠니
뜻과 같이 되지 않아 기도에 젖은
이 마음 님은 아시리
한 세상 열정 쏟아 닦는 수행길
불보살님 출현하셔 베푼 자비에
모든 망상 모든 번뇌 없었으면 좋으련만
마음대로 안 되는 게 수행이더라, 수행이더라

2.
사계절의 풍광인들 위로되겠니
서사시의 음률인들 쉬어지겠니
뜻과 같이 되지 않아 기도에 젖은
이 마음 님은 아시리
청춘의 모든 욕망 사뤄버리고
회광반조 촌각 아낀 열정 쏟아서
이룬 선정 그 효력이 있었으면 좋으련만
마음대로 안 되는 게 보림이더라, 보림이더라

3.
사계절의 풍광인들 위로되겠니
서사시의 음률인들 쉬어지겠니
뜻과 같이 되지 않아 기도에 젖은
이 마음 님은 아시리
억겁의 모든 습성 꺾어보려고
갖은 노력 갖은 인내 온통 쏟아서
세월 잊은 보림 성취 있었으면 좋으련만
마음대로 안 되는 게 성불이더라, 성불이더라

2 부

1.
사계절의 풍광인들 비유되겠니
가릉빈가 음률인들 비교되겠니
뜻과 같이 자유자재 베풀어놓고
한없이 즐기시련만
그러한 대자유의 삶을 접고서
중생들을 구제하려 삼도에 출현
갖은 역경 어려움을 감내하는 자비로써
깨워주는 그 진리에 눈을 뜨거라, 눈을 뜨거라

2.
사계절의 풍광인들 비유되겠니
가릉빈가 음률인들 비교되겠니
뜻과 같이 자유자재 베풀어놓고
한없이 즐기시련만
억겁을 다하여도 끝이 없을 걸
알면서도 해내겠다 나선 님의 길
가시밭길 험난해도 일관하신 그 자비에
구류중생 깨달아서 정토 이루리, 정토 이루리

3.
사계절의 풍광인들 비유되겠니
가릉빈가 음률인들 비교되겠니
뜻과 같이 자유자재 베풀어놓고
한없이 즐기시련만
낙원의 모든 즐김 떨쳐버리고
삼악도를 낙원으로 이뤄놓겠다
촌각 아낀 그 열정에 모두 모두 감화되어
이 땅 위에 님의 소원 이뤄지리라, 이뤄지리라

선 승

토함산 소나무 위에
달빛도 조는데
단잠을 잊은 채
장승처럼 앉아있는
깊은 밤 선승의
그윽한 눈빛
고요마저 서지
못한 선정이라
대천도 흔적 없고
허공계도 머물 수 없는
수정 같은 광명이여,
화엄의 세계로세

우리 모두

우리 모두 만난 인생 즐겁게 살자
부딪치는 세상만사 웃으며 하자
인연으로 어우러진 세상사이니
풀어가는 삶이어야 하지 않겠니

몸종 노릇 하는 사이 맘 챙겨 살자
맑고 맑은 가을 허공 그렇게 비워
명상으로 정신세계 사무쳐보자
언젠가는 깨쳐 웃는 그날이 오리

한산 습득 껄껄 웃는 그러한 웃음
웃어가며 모든 일을 대하는 날로
활짝 펼쳐 어우러진 그러한 삶을
우리 모두 발원하며 즐겁게 살자

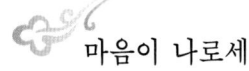 ## 마음이 나로세

본래 마음이 나이건만
몸이 내가 된 삶이 되어
갖은 고통이 따랐다네
이리 쉽고도 쉬운 일을
어찌 등 돌린 삶으로서
고통 속에서 헤매는고

맘이 내가 된 삶으로서
갖은 고통이 없는 삶을
우리 누리고 살아보세
마음 수행을 모두 하여
나고 죽음이 없음으로
태평 세월을 누려보세

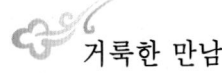 ## 거룩한 만남

불법을 만난 건 행운 중 행운이고 내 생의 정점일세
거룩한 이 법을 만나는 사람이면 서로가 권하고 권을 하여
함께 하는 일상의 수행이 되어서 다 같이 누리는 낙원 이뤄
고통과 생사는 오간 데 없고 웃음과 평온만 넘치고 넘쳐
길이길이 끝이 없는 복락 누리세

여래의 큰 은혜 순간인들 잊으랴 수행해 크게 깨쳐
구제를 다함만 큰 은혜 갚음이니 노력과 실천 다해
우리 모두 씩씩한 낙원의 역군이 되어 봉화적인 이생의 삶으로써
최선을 다하여 부끄럼 없는 대장부로, 은혜 갚는 장부로
길이길이 끝이 없는 복락 누리세

사람다운 삶

1.
사람이 사람다운 사람이 되려면
명상으로 비우고 비워서
고요의 극치에 이르러
자신을 발견한 슬기로써
마음을 다스리는 연마 후에
그 능력으로 모두가 살아가야
평화로운 세상이 활짝 열려
모두 함께 누릴 걸세

2.
서로가 다툼 없이 서로를 아껴서
마음으로 베풀고 베푸는
사회로 이루어 간다면
낙원이 멀리만 있는 것이 아니라
살고 있는 이대로가 낙원이란 걸
모두가 실감하는
우리들의 세상이 활짝 열려
모두 함께 누릴 걸세

 사는 목적

우리 모두 행복을 찾아 영원을 찾아
내면 향해 비춰보는 명상으로
앉으나 서나 일을 하나 최선을 다하세
하루의 해가 서산을 붉게 물들이고
합장 기도하여 또 다짐과 맹서의 말
뜻 이루어 이 세상의 빛이 돼서
구류를 생사 고해에서 구제하는 사람으로
영원히 영원히 살 것입니다

따르렵니다

1.
우리 모두 합장 공경 하옵니다
크고 작은 근심 걱정 씻어주려
우릴 찾아 오셨으니 감사합니다 고맙습니다

2.
우리 모두 손에 손을 맞잡고서
즐거웁게 노래하고 춤을 추며
우리에게 오신 님을 경하합니다 축하합니다

3.
우리들의 깊은 잠을 깨워주셔
영생불멸 낙원의 삶 누리게끔
해주시려 오신 님을 공경합니다 따르렵니다

옛 고향

고향 옛 고향이 그리워 거니는 산책에
고요한 달빛 휘영청 밝고 밤새는
그 무슨 생각에 저리 부르는 노래인데
숲 타고 온 석종소리에 열리는 옛 내 고향
그리도 캄캄하던 생각들은 흔적도 없고
고요한 마음 옛 고향 털끝만큼도
가리운 것이란 없었는데
어찌해 그 무엇에 어두웠던고 고향길 옛 내 고향
나는 따르리라 끝없는 일이라 하여도
님 하신 구제 고난과 역경
그 어떤 어려움 닥쳐도
님 하시는 일이라면 멈추는 일 없을 것일세
이것만이 보은이라네 보은이라네

 지장보살

지장보살 두 눈의 흐르는 눈물
마르실 날 언제일까 생각하고 또 생각해도
이 세상의 사람들이 멀어지게만 하고 있네요
보살님 어찌해야 하오리까
반야의 실천으로 최선 다해 돕는다면
안 되는 일 있으리까
대원본존 지장보살 나무 지장보살
얼씨구나 절씨구나 한 판 놀음 덩실덩실 살아들 보세

 곰탱이

곰탱이 곰탱이 미련 곰탱이
세상 사람 요구 따라 다 들어준
사람더러 곰탱이라네
요구 따라 따지지 않고
들어주기 바쁜 이를 놀려대며 하는 말
곰탱이 곰탱이 미련 곰탱아
그리 살다간 끝내는 빌어먹을 쪽박마저
없겠구나 미련 곰탱아
그래도 덩실덩실 추는 춤을
보며 깔깔 웃는 사람들아
웃는 자신 모르니 서글퍼 내 하는 말
한 판의 꿈속이라 천금만금 쓸데없네
깔깔 웃는 그 실체를 자신 삼아 사는 삶이 되길
바라고 바라는 곰탱이 춤이로세

도서출판 문젠(Moonzen Press)의 책들

출간 도서

바로보인 전등록 전 5권
바로보인 무문관
바로보인 벽암록
바로보인 천부경·교화경·치화경
바로보인 금강경
세월을 북채로 세상을 북삼아
영원한 현실
바로보인 신심명
바로보인 환단고기 전 5권
바로보인 선문염송 전 30권
앞뜰에 국화꽃 곱고 북산에 첫눈 희다
바로보인 증도가
바로보인 반야심경
선을 묻는 그대에게 1·2
바로보인 선가귀감
바로보인 법융선사 심명
주머니 속의 심경
바로보인 법성게
달다 -전강 대선사 법어집
기우목동가
초발심자경문
방거사어록
실증설

하택신회대사 현종기
불조정맥 - 한·영·중 3개국어판
바른 불자가 됩시다
누구나 궁금한 33가지
108진참회문 - 한·영·중 3개국어판
달마의 일할도 허락지 않는다
마음대로 앉아 죽고 서서 죽고
화두 3개국어판 - 한·영·중
바로보인 간당론
완전한 우리말 불공예식법
바로보인 유마경
실증설 5개국어판 - 한·영·불·서·중
누구나 궁금한 33가지 3개국어판
 - 한·영·중
달마의 일할도 허락지 않는다
3개국어판 - 한·영·중
법성게 3개국어판 - 한·영·중
정법의 원류
바로보인 도가귀감
바로보인 유가귀감
화엄경 81권
바로보인 전등록 전 30권

출간예정 도서

바로보인 능엄경 제6권
바로보인 원각경
바로보인 육조단경
바로보인 대전화상주 심경
바로보인 위앙록
해동전등록 전 10권
말 밖의 말
언어의 향기
농선 대원 선사 선송집

진리와 과학의 만남
바로보인 5대 종교
금강경 야부송과 대원선사 토끼뿔
선재동자 참알 오십삼선지식
경봉선사 혜암선사 법을 들어 설하다
십현담 주해
불교대전
태고보우선사 어록

1. 바로보인 전등록 (전30권을 5권으로)

7불과 역대 조사의 말씀이 1,700공안으로 집대성되어 있는 선종 최고의 고전으로, 깨달음의 정수가 살아 숨쉬도록 새롭게 번역되었다.
464, 464, 472, 448, 432쪽.
각권 18,000원

2. 바로보인 무문관

황룡 무문 혜개 선사가 저술한 공안집으로 전등록, 선문염송, 벽암록 등과 함께 손꼽히는 선문의 명저이다. 본칙 48개와 무문 선사의 평창과 송, 여기에 역저자인 대원선사의 도움말과 시송으로 생명과 같은 선문의 진수를 맛보여 주고 있다.
272쪽. 12,000원

3. 바로보인 벽암록

설두 선사의 설두송고를 원오 극근 선사가 수행자에게 제창한 것이 벽암록이다.
이 책은 본칙과 설두 선사의 송, 대원선사의 도움말과 시송으로 이루어져, 벽암록을 오늘에 맞게 바로 보이고 있다.
456쪽. 15,000원

4. 바로보인 천부경

우리 민족 최고(最古)의 경전 천부경을 깨달음의 책으로 새롭게 바로 보였다. 이 책에는 81권의 화엄경을 81자에 함축한 듯한 천부경과, 교화경, 치화경의 내용이 함께 담겨 있으며, 역저자인 대원선사가 도움말, 토끼뿔, 거북털 등으로 손쉽게 닦아 증득하는 문을 열어 놓고 있다.
432쪽. 15,000원

5. 바로보인 금강경
대원선사의 『바로보인 금강경』은 국내 최초로 독창적인 과목을 내어 부처님과 수보리 존자의 대화 이면의 숨은 뜻을 드러내고, 자문과 시송으로 본문의 핵심을 꿰뚫어 밝혀, 금강경 전체를 손바닥 안의 겨자씨를 보듯 설파하고 있다.
488쪽. 15,000원

6. 세월을 북채로 세상을 북삼아
대원선사의 선시가 담긴 선시화집 『세월을 북채로 세상을 북삼아』는 선과 시와 그림이 정상에서 만나 어우러진 한바탕이다.
선의 세계를 누리는 불가사의한 일상의 노래, 법열의 환회로 취한 어깨춤과 같은 선시가 생생하고 눈부시게 내면의 소리로 흐른다.
180쪽. 15,000원

7. 영원한 현실
애매모호한 구석이 없이 밝고 명쾌하여, 너무도 분명함에 오히려 그 깊이를 헤아리기 어려운, 대원선사의 주옥같은 법문을 모아 놓은 법문집이다.
400쪽. 15,000원

8. 바로보인 신심명
신심명은 양끝을 들어 양끝을 쓸어버리는, 40대치법으로 이루어진, 3조 승찬 대사의 게송이다. 이를 대원선사가 바로 번역하는 것은 물론, 주해, 게송, 법문을 더해 통쾌하게 회통하고 자유자재 농한 것이 이 『바로보인 신심명』이다.
296쪽. 10,000원

9. 바로보인 환단고기 (전5권)

『바로보인 환단고기』 1권은 민족정신의 정수인 환단고기의 진리를 총정리하여 출간하였다. 2권에는 역사총론과 태초에서 배달국까지 역사가 실려 있으며, 3권은 단군조선, 4권은 북부여에서부터 고려까지의 역사가 실려 있다. 5권에는 역사를 증명하는 부록과 함께 환단고기 원문을 실었다. 344 · 368 · 264 · 352 · 344쪽. 각권 12,000원

10. 바로보인 선문염송 (전30권)

선문염송은 세계최대의 공안집이다. 전 공안을 망라하다시피 했기에 불조의 법 쓰는 바를 손바닥 들여다보듯 하지 않고는 제대로 번역할 수 없다. 대원선사는 전 공안을 바로 참구할 수 있게끔 번역하고 각 칙마다 일러보였다. 352 368 344 352 360 360 400 440 376 392 384 428 410 380 368 434 400 404 406 440 424 460 472 456 504 528 488 488 480 512쪽. 각권 15,000원

11. 앞뜰에 국화꽃 곱고 북산에 첫눈 희다

대원선사의 선문답집으로 전강 · 경봉 · 숭산 · 묵산 선사와의 명쾌한 문답을 실었으며, 중앙일보의 〈한국불교의 큰스님 선문답〉열 분의 기사와 기자의 질문에 대한 대원선사의 별답을 함께 실었다.
200쪽. 5,000원

12. 바로보인 증도가

선종사에 사라지지 않을 발자취로 남은 영가 선사의 증도가를 대원선사가 번역하고 법문과 송을 더하였다. 자비의 방편인 증도가의 말씀을 하나하나 쳐가는 선사의 일갈이야말로 영가 선사의 본 의중과 일치하여 부합하는 것이라 아니할 수 없다.
376쪽. 10,000원

13. 바로보인 반야심경

이 시대의 야부(冶父)선사, 대원선사가 최초로 반야심경에 과목을 붙여 반야심경 내면에 흐르는 뜻을 밀밀하게 밝혀놓고 거침없는 송으로 들어보였다.
264쪽. 10,000원

14. 선(禪)을 묻는 그대에게 (전10권 중 2권)

대원선사의 선수행에 대한 문답집.
깨달아 사무친 경지에 대한 밀밀한 점검과, 오후보림에 대한 구체적인 수행법 제시와, 최초의 무명과 우주생성의 원리까지 낱낱이 설한 법문이 담겨 있다.
280쪽, 272쪽. 각권 15,000원

15. 바로보인 선가귀감

선가귀감은 깨닫고 닦아가는 비법이 고스란히 전수되어 있는 선가의 거울이라 할 만하다. 더욱이 바로보인 선가귀감은 매 소절마다 대원선사의 시송이 화살을 과녁에 적중시키듯 역대 조사와 서산대사의 의중을 꿰뚫어 보석처럼 빛나고 있다.
352쪽. 15,000원

16. 바로보인 법융선사 심명

심명 99절의 한 소절, 한 소절이 이름 그대로 마음에 새겨두어야 할 자비광명들이다.
이 심명은 언어와 문자이면서 언어와 문자를 초월한 일상을 영위하게 하는 주옥같은 법문이다.
278쪽. 12,000원

17. 주머니 속의 심경

반야심경은 부처님이 설하신 경 중에서도 절제된 경으로 으뜸가는 경이다. 대원선사의 선송(禪頌)도 그 뜻을 따라 간략하나 선의 풍미를 한껏 담고 있다. 하루에 한 소절씩을 읽고 참구한다면 선 수행의 지름길이 될 것이다.
84쪽. 5,000원

18. 바로보인 법성게

법성게는 한마디로 화엄경의 핵심부를 온통 훤출히 드러내놓은 게송이다. 짧은 글 속에 일체의 법을 이렇게 통렬하게 담아놓은 법문도 드물 것이다.
이렇게 함축된 법성게 법문을 대원선사가 속속들이 밀밀하게 설해놓았다.
176쪽. 10,000원

19. 달다 - 전강 대선사 법어집

이제는 전설이 된 한국 근대선의 거목인 전강 선사님의 최상승법과 예리한 지혜, 선기로 넘쳤던 삶이 생생하게 담겨 있는 전강 대선사 법어집 〈달다〉!
전강 대선사님의 인가 제자인 대원선사가 전강 대선사님의 법거량과 법문, 일화를 재조명하여 보였다.
368쪽. 15,000원

20. 기우목동가

그 뜻이 심오하여 번역하기 어려웠던 말계 지은 선사의 기우목동가!
대원선사가 바른 뜻이 드러나도록 번역하고, 간결한 결문과 주옥같은 선송으로 다시 보였다.
146쪽. 10,000원

21. 초발심자경문

이 초발심자경문은 한문을 새기는 힘인 문리를 터득하게 하기 위하여 일부러 의역하지 않고 직역하였다. 대원선사의 살아있는 수행지침도 실려 있다.
266쪽. 10,000원

22. 방거사어록

방거사어록은 선의 일상, 선의 누림을 보여주는 대표적인 선문이다. 역저자인 대원선사는 방거사어록의 문답을 '본연의 바탕에서 꽃피우는 일상의 함'이라 말하고 있다. 법의 흔적마저 없는 문답의 경지를 온전하게 드러내 놓은 번역과, 방거사와 호흡을 함께 하는 듯한 '토끼뿔'이 실려 있다.
306쪽. 15,000원

23. 실증설

이 책은 대원선사가 2010년 2월 14일 구정을 맞이하여 불자들에게 불법의 참뜻을 보이기 위해 홀연히 펜을 들어 일시에 써내려간 법문을 모태로 하였다. 실증한 이가 아니고는 설파할 수 없는 성품의 이치를 자문자답과 사제간의 문답을 통해 1, 2, 3부로 나눠 실증하여 보이고 있다.
224쪽. 10,000원

24. 하택신회대사 현종기

육조대사의 법이 중국천하에 우뚝하도록 한 장본인, 하택신회대사의 현종기. 세간에 지해종도(知解宗徒)로 알려져 있는 편견을 불식시키는 뛰어난 깨달음의 경지가 여기에 담겨있다. 대원선사가 하택신회대사의 실경지를 드러내고 바로보임으로써 빛냈다.
232쪽. 10,000원

25. 불조정맥 - 韓·英·中 3개국어판

석가모니불로부터 현 78대에 이르기까지 불조정맥진영(佛祖正脈眞影)과 정맥전법게(正脈傳法偈)를 온전하게 갖춘 최초의 불조정맥서. 대원선사가 다년간 수집, 정리하여 기도와 관조 끝에 완성한 『불조정맥』을 3개 국어로 완역하였다.
216쪽. 20,000원

26. 바른 불자가 됩시다

참된 발심을 하여 바른 신앙, 바른 수행을 하고자 해도, 그 기준을 알지 못해 방황하는 불자님들을 위해 불법의 바른 길잡이 역할을 하도록 대원선사가 집필하여 출간하였다.
162쪽. 10,000원

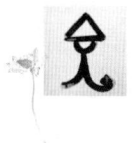

27. 누구나 궁금한 33가지

21세기의 인류를 위해 모든 이들이 가장 어렵고 궁금해 하는 문제, 삶과 죽음, 종교와 진리에 대한 바른 지표를 제시하고자 대원선사가 집필하여 출간하였다.
180쪽. 10,000원

28. 108진참회문 - 韓·英·中 3개국어판

전생의 모든 악연들이 사라져 장애가 없어지고, 소망하는 삶을 살게 하기 위해 대원선사가 10계를 위주로 구성한 108 항목의 참회문이다. 한 대목마다 1배를 하여 108배를 실천할 것을 권한다.
170쪽. 15,000원

29. 달마의 일할도 허락지 않는다

대원선사의 짧고 명쾌한 법문집.
책을 잡는 순간 달마의 일할도 허락지 않는 선기와 맞닥뜨리게 될 것이다. 때로는 하늘을 찌를 듯한 기세와, 때로는 흔적 없는 공기와도 같은 향기를 일별하기를…
190쪽. 10,000원

30. 마음대로 앉아 죽고 서서 죽고

생사를 자재한 분들의 앉아서 열반하고 서서 열반한 내력은 물론 그분들의 생애와 법까지 일목요연하게 수록해놓았다.
446쪽. 15,000원

31. 화두 3개국어판 - 韓·英·中

『화두』는 대원선사의 평생 선문답의 결정판이다. 생생하게 살아있는 선(禪)을 한·영·중 3개국어로 만날 수 있다. 특히 대원선사의 짧은 일대기가 실려 있어 그 선풍을 음미하는 데에 큰 도움을 주고 있다.
440쪽. 15,000원

32. 바로보인 간당론

법문하는 이가 법리를 모르고 주장자를 치는 것을 눈먼 주장자라 한다. 법좌에 올라 주장자 쓰는 이들을 위해서 대원선사가 간당론에서 선리(禪理)만을 취하여 『바로보인 간당론』을 출간하였다.
218쪽. 20,000원

33. 완전한 우리말 불공예식법

부처님께 공양을 올리고 불보살님의 가피를 구하는 예법 등을 총칭하여 불공예식법이라 한다. 대원선사가 이러한 불공예식의 본뜻을 살려서 완전한 우리말본 불공예식법을 출간하였다.
456쪽. 38,000원

34. 바로보인 유마경

유마경은 불법의 최정점을 찍는 경전이라 할 것이니, 불보살님이 교화하는 경지에서의 깨달음의 실경과 신통자재한 방편행을 보여주는 최상승 경전이다. 대원선사가 〈대원선사 토끼뿔〉로 이 유마경에 걸맞는 최상승법을 이 시대에 다시금 드날렸다.
568쪽. 20,000원

35. 실증설
5개국어판 – 韓 · 英 · 佛 · 西 · 中

대원선사가 불법의 참뜻을 보이기 위해 홀연히 펜을 들어 일시에 써내려간 실증설! 실증한 이가 아니고는 설파할 수 없는 도리로 가득한 이 책이 드디어 영어, 불어, 스페인어, 중국어를 더하여 5개국어로 편찬되었다.
860쪽. 25,000원

36. 누구나 궁금한 33가지
3개국어판 – 韓 · 英 · 中

누구라도 풀어야 할 숙제인 33가지의 의문에 대한 답을 21세기의 현대인에게 맞는 비유와 언어로 되살린 『누구나 궁금한 33가지』가 한글, 영어, 중국어 3개국어로 출간되었다.
408쪽. 15,000원

37. 달마의 일할도 허락지 않는다
3개국어판 – 韓 · 英 · 中

대원선사의 짧고 명쾌한 법문집인 『달마의 일할도 허락지 않는다』가 한글, 영어, 중국어 3개국어로 출간되었다. 전세계에서 유일하게 활선의 가풍이 이어지고 있는 한국, 그 가운데에서도 불조의 정맥을 이은 대원선사가 살활자재한 법문을 세계로 전하고 있는 책이다.
308쪽. 15,000원

38. 화엄경 (전81권)

대원선사는 선문염송 30권, 전등록 30권을 모두 역해하여 세계 최초로 1,463칙 전 공안에 착어하였다. 이러한 안목으로 대천세계를 손바닥의 겨자씨 들여다보듯 하신 불보살님들의 지혜와 신통으로 누리는 불가사의한 화엄세계를 열어 보였다.
220쪽. 각권 15,000원

39. 법성게 3개국어판 – 韓 · 英 · 中

법성게는 한마디로 화엄경의 핵심부를 훤출히 드러내 놓은 게송으로 짧은 글 속에 일체 법을 고스란히 담아 놓았다. 대원선사의 통쾌한 법성게 법문이 한영중 3개국어로 출간되었다.
376쪽. 15,000원

40. 정법의 원류

『정법의 원류』는 불조정맥을 이은 정맥선원의 소개서이다. 정맥선원은 불조정맥 제77조 조계종 전강 대선사의 인가 제자인 대원 전법선사가 주재하는 도량이다. 『정법의 원류』를 통해 정맥선원 대원선사의 정맥을 이은 법과 지도방편을 만날 수 있다.
444쪽. 20,000원

41. 바로보인 도가귀감

도가귀감은, 온통인 마음〔一物〕을 밝혀 회복함으로써, 생사를 비롯한 모든 아픔과 고를 여의어, 뜻과 같이 누려서 살게 하고자 한 도교의 뜻을, 서산대사가 밝혀놓은 책이다. 대원선사가 부록으로 도덕경의 중대한 대목을 더하고, 그 대목대목마다 결문(決文)하였다.
218쪽. 12,000원

42. 바로보인 유가귀감

유가귀감은 서산대사가 간추려놓은 구절로서, 간결하지만 심오하기 그지없으니, 간략한 구절 속에서 유교사상을 미루어볼 수 있게 하였다. 대원선사가 그 뜻이 잘 드러나게 번역하고 그 대목대목마다 결문(決文)하였다.
236쪽. 15,000원

43. 바로보인 전등록 (전30권)

7불로부터 52세대까지 1,701명 선지식의 깨달음의 진수가 담긴 전등록 30권에 농선 대원 선사가 선리(禪理)의 토끼뿔을 더해 닦아 증득하는데 도움이 되도록 하였다.
288쪽. 각권 15,000원

농선 대원 선사 법문 mp3 주문 판매

* 천부경 : 15,000원
* 신심명 : 30,000원
* 현종기 : 65,000원
* 기우목동가 : 75,000원
* 반야심경 : 1회당 5,000원 (총 32회)
* 선가귀감 : 1회당 5,000원 (총 80회)

* 금강경 : 40,000원
* 법성게 : 10,000원
* 법융선사 심명 : 100,000원

농선 대원 선사 작사 CD 주문 판매

* 가슴으로 부르는 불심의 노래 1,2,3집
  각 : 1만 5천원
* 유튜브에서 채널 구독하시고 무료로
  찬불가 앨범을 감상하세요

주문 문의 ☎ 031-534-3373

유튜브에서 채널 구독하시고
무료로 찬불가 앨범을 감상하세요

유튜브에서 MOONZEN을 검색하시거나
아래의 주소로 접속해주세요

http://www.youtube.com/user/officialMOONZEN